坂本篤紀
Sakamoto Atsunori

落ちゆく維新と、
その後の希望

松尾貴史
Matsuo Takashi

せせらぎ出版

はじめに

本書の対談はいったん2024年9月末で終わり、11月中旬には原稿ができていました。それからページを組んで印刷し、年内に出版する予定でした。ところが、11月17日の夜、驚くべきニュースが飛び込んできました。

斎藤元彦兵庫県知事の再選です。

本書の内容にも関わることなので、触れずに出版するのは不十分だと判断。急きょ、出版を延期し、兵庫県知事選挙をめぐる内容を盛り込んだ結果、出版時期が2025年3月初旬にずれ込みました。この選挙に関して生じたさまざまな事件は、本書の出版時期には事実が確定していないこともあり、お読みいただく時点で状況の変わっているところがあるかもしれません。その点は、なにとぞご了承ください。ただし、本書の趣旨が変わることはないと考えています。

2024年11月の兵庫県知事選挙は、兵庫県議会が全会一致で斎藤知事の不信任案を可決し、それを受けて斎藤知事が失職を選んだことで行われた選挙でした。さかのぼること、2024年4月以降、斎藤知事はパワハラ問題などでマスコミから猛烈にたたかれていました。そのころの状況から考えると、再選はあり得ないと思われただけに、大逆転の再選だったといえるでしょう。

選挙結果はともかく、この選挙ほど異常な選挙は過去になかったのではないかと思われます。ネット上は膨大なデマが飛び交い、街頭演説の現場では複数の人が暴力沙汰で現行犯逮捕されています。さらに選挙後は、公職選挙法違反や偽計業務妨害の告発が受理され、また、脅迫や名誉棄損の被害届が出されて、それも受理されています。公正さが損なわれ、民主主義を根底から揺るがす選挙でした。

本書は、兵庫県知事選の発端となった斎藤問題や、その前の都知事選での石丸現象は、大阪維新の会にその源流があるという視点で対談したものです。大阪の維新行政の問題は、コロナ対応や大阪万博の失敗に象徴される失策・愚策、その一方で「お友だち企業」を優遇する偏った政策などに見られます。しかし、それにとどまらず、熟議を経ずに独断的に物事を決めること、誤った情報を意図的に流すこと、説明責任を十分に果たさないことなど、政策以前に法治国家の体をなしていないことも大きな問題です。それは斎藤県政にも見受けられる傾向です。

本書の発行時点で維新の会の勢いは下降傾向にあります。しかし、その流れをくむ別の勢力が代わって台頭する気配も感じられます。こういった流れを止めて、なんとか健全な社会・政治・行政を取り戻さなければなりません。

そのため、本書の第6章では、関西学院大学の冨田宏治教授にゲスト参加していただき、維新後のオルタナティブを提言していただきました。格差を縮小し、分断を解消し、まっとうな経済成長を促し、健全で豊かな社会を築くために、たいへん有効なオルタナティブだと思います。

しかし、もちろん、それが唯一絶対に正しい方策だと押し付けるつもりはありません。あくまでも一つの構想です。むしろ今後、冨田先生の提言だけでなく多様な立場からさまざまな考えが提示され、事実を踏まえて対話や議論が重ねられ、そのプロセスを経て社会の方向性が決められる民主的な政治・行政を望むばかりです。

きれいごとに聞こえるかもしれませんが、健全な民主主義を取り戻すには、きれいごとが大きな力になると考えます。

２０２４年２月

株式会社せせらぎ出版
コミュニティ・パブリッシング事業部

目次

はじめに……2
第1章　兵庫県知事選から見えること……11
テレビはネットに負けたのか？……12
東京都知事選のときから始まったネット戦略……18
立花孝志の選挙ビジネスの恐怖……22
斎藤当選を実現させたもうひとつの力……26
さかのぼればこの流れは東京都知事選から……30
第2章　源流となる維新の悪政……35

2割に向けた維新政治……36
維新の会の愚行をおさらいする……38
維新の悪行はまだまだある……43
「身を切る改革」の身は誰の身か？……49
議員だけではない、都合のいい効率化……52

第3章　お友だち企業のための愚策の数々

第3章　お友だち企業のための愚策の数々……57
交通事故ワースト1の大阪……58
私立高校無償化の裏にある闇……61
紅麹事件が物語ること……67
ライドシェアでも同じことが起こるだろう……70
メディアの弱さが顕著になってきた……76
大阪維新の会と吉本興業との関係……82
無駄という名目の文化破壊……85

第4章　万博の向こうに見える悲劇 …… 91
夢洲はいつから北朝鮮になったのか …… 92
国際花と緑の博覧会と大阪万博の違い …… 95
30年で5メートルも沈んだ地盤 …… 98
変化していくIRと、その不安 …… 104
ネットカジノの足がかり？ …… 108

第5章　維新のほころび、そして落日へ …… 113
選挙結果に現れる維新の衰退 …… 114
類は友を呼ぶ？　そんな維新の政治家 …… 116
知事の椅子にしがみつく理由 …… 119
維新の凋落とテレビを見ない若者との関係性 …… 123
インターネットは善へ転ぶか、悪へ転ぶか？ …… 127

第6章　維新後の希望をどこに見出すのか

第6章　維新後の希望をどこに見出すのか……131
不気味なうねりの正体……132
岩盤保守層とネトウヨ……136
ファシスト政党誕生の可能性……142
官製ワーキングプアという問題……145
公契約条例という希望……149
誰もがＷｉｎ・Ｗｉｎになる施策……151
奨学金の肩代わりから始まる好循環……155
分断政治がまん延しつつある恐怖……157
裏でうごめく不気味な連携……161
分断政治に対抗するための対話作戦……163
大阪再生のための「ギビングスパイラル」……167

第1章

兵庫県知事選から見えること

テレビはネットに負けたのか？

松尾　この対談をしているのは、２０２４年11月の兵庫県知事選が終わった直後です。僕は兵庫県出身なので注目をしていたのですが、結果には驚きました。

坂本　斎藤元彦が勝ったこと？

松尾　あれ？　社長は予想されていましたか？

坂本　絶対に斎藤が勝つとは断定でききんかったけど、絶対に負けるとも思わかんった。まあ、大阪のみなさん、安心してくださいと言いたい。大阪維新の会に踊らされた大阪はアホばっかりやけど、東京都知事選を見たら東京もアホばっかり。そして兵庫もアホが多いと思うわな。ネットに踊らされた兵庫の人のなんと多いこと。

松尾　斎藤が勝つかもって、どのあたりから思いました？

坂本　一人で街頭に立ち始めた頃かな。あのあたりからひょっとしたらと思ったよ。

松尾　大きな出来事にはアイコンとなる絵が出まわるものです。古くは湾岸戦争の時の油まみれの水鳥。最近ではアメリカ星条旗の前で撃たれたトランプ大統領。斎藤の街頭演説の淋しい光景は軽蔑とか、同情とか、いろいろな感情を揺るがしました。それがネット戦略にうまく乗せられて同情から応援に変わっていった。

坂本　４月以降しばらくの間、斎藤はメディアにバッシングされてたから、あの段で、仮にあのまま選挙があったら通るはずはなかった。けれど議会の不信任決議に対して失職を選び、１週間ほど答えを出さへん状況が続いた。そのあと、一人お詫び行脚を始めて、その映像をテレビが垂れ流したあたりからムードが変わったように思うよ。

松尾　僕はＮＨＫから国民を守る党の立花孝志が立候補した頃に危ないなと思いました。

坂本　しかし、兵庫県知事選はオールドメディアとネットの争いだったと言うけど、それは違うよね。あの斎藤の絵をずっと流し続けたのはオールドメディア、なかでもテレビや。

松尾　そうなんです。オールドメディアが負けたわけやないですけど、負けるにふさわしい罪はあると思っています。斎藤知事追及の本丸は公益通報者保護法違反であるはずです。しかしメディアは20メートル歩かされたとか、おねだりしたとか、そんなことばかりを垂れ流してましたから。

坂本　そっちのほうが視聴率を取れるからな。

松尾　それなら報道ではなくバラエティー番組やないですか。

坂本　確かに、陰の戦犯は在阪メディアの可能性はおおいにあるよね。公益通報を握りつぶしたという一番メインの、最も重大な問題を取り上げなあかんかったのに、そっちに焦点を当てなかった。その代わり松尾さんが言ったおねだりしたとか……。

松尾　おねだりなんか小さな問題やないですか。

坂本　何メートル歩かされたとかいう話だけに矮小化したんや。そして不信任になって、その後ピタッと報道が止まって、次に何が映し出されたかというと、お詫び行脚の淋しい絵。

松尾　失職する前も、本筋の公益通報のことはどこかにいってしまって、亡くなった元西播磨県民局長の公用パソコンの中身についてばかり報道していたでしょ。今回ほど人のプライバシーがないがしろにされた選挙はありませんでした。

坂本　一説によると、公用パソコンだけやなくて、USBまで没収されて、その中のプライベートなデータが漏洩したらしいで。

松尾　そうなんですか。それはひどいな。それがなければ、立花孝志が選挙ビジネスで儲けることもなかったはずですし、選挙結果は変わったかもしれません。

坂本　プライベートなデータやから、公益通報にも選挙にも全然関係あらへんやろ。

松尾　そういえば、パソコンといえば、僕の友人のコピーライターが、彼の友人である歌手の西郷輝彦さんと、お互いのどちらかが亡くなったら相手のパソコンを壊しにいくようにと一筆書き交わしていたことを思い出しました。

坂本　その二人は何を保存してたんかいな？　それで、そのコピーライターは壊しに行ったんかいな？

松尾　それは聞いてません。今度確認しておきます。

坂本　選挙の後半、斎藤が公約達成率98・8％という情報が拡散されたやろ？

松尾　正確には着手率ですよね。

坂本　達成率は27・7%らしい。でも、これも最初に流したのはテレビ。辞職か、失職か、県議会解散か、いずれかを選んでいる間に斎藤は在阪キー局に出演した。あのときにとうとうと98・8%の数字を訴えた。それが「達成率」という冠が付いて拡散した。

松尾　批判めいたこと言わないっていう条件をつけていたそうです。視聴率ほしさに、斎藤の条件を丸呑みして、在阪の多くのメディアが斎藤を出演させました。

坂本　立候補を見据えた上での出演としか考えられへん。視聴率ほしさに斎藤に出演を依頼し、斎藤に規制されるままの情報を垂れ流したテレビの罪は重いよ。せやから、SNSに負けたんやないと。在阪テレビが流したその情報が100万という票を動かしたんやと。そういう見方すらできる。

松尾　ネットの影響といっても、東京と兵庫では人口も違いますからね。

坂本　そうや。石丸が出た都知事選は東京が舞台やから大都会の選挙。ネット人口も多いに決まっている。一方の兵庫県は地方や。西宮や神戸や明石や姫路だけが兵庫県やない。山のほうへ行ったらまだまだ田舎やで。おじいちゃんおばあちゃんがいっぱいいや。そんな人がネットを見ているわけがない。

松尾　おじいちゃん、おばあちゃんが見るのは、やっぱりテレビ。

坂本　斎藤の一人行脚の垂れ流しから始まり、テレビが斎藤勝利の強力なベースを作った。

たとえば、県庁から出てきた斎藤知事にどっかのおばちゃんが近づいてきて「頑張ってください」と励ましの言葉をかけた映像がテレビで何度か流れた。不信任決議が通った後のことや。それをテレビカメラがとらえるなんてできすぎやろ。いかにもヤラセの映像やった。あと、１００歳のおばあちゃんが、長寿記念をもらったお礼を斎藤知事に言いに来るという映像もあったよな。それもうまいぐあいにテレビカメラがそばにおったんや。

こうしてつくられたムードを折田楓らにうまく利用されたと見るべきとちゃうかな。

松尾　そういう意味でもオールドメディアは負けてはいないけれど猛省は促したいです。

東京都知事選のときから始まったネット戦略

坂本　とはいえ、斎藤が勝った要因はメディアだけでなく、いろいろあるよな。ひとつは分断。

松尾　オールドメディア対ネットという図式も分断です。本来なら公益通報に適切に対応したかどうかが問われるべきところ、斎藤は良い人か悪い人かにすり替わってしまいました。あげくの果てにオールドメディア対ネットというメディアの分断につながっていきました。

坂本　分断という火に油を注ぐのがネットや。今回の斎藤のネット戦略を担ったのは折田楓とこの小さなＰＲ会社。選挙が終わったあと、得意げにネット戦略をｎｏｔｅにアップしてたけどな。聞くところによると、最初、斎藤は藤川晋之助へ依頼したそうやで。

松尾　藤川晋之助って誰ですか？

坂本　元東京維新の会事務局やった人で、選挙プランナーと言えばええんかな。東京都知事選における石丸のネット戦略を手伝ったことは、藤川本人も言っている。ただ、斎藤の依頼は断った。せやから、斎藤は折田楓に頼ることになったんやと思う。

松尾　斎藤を最後の最後に陥れるためのハニートラップという噂も出ていましたが。

坂本　それは陰謀論やろ。実際は、折田が選挙の素人で、自己顕示欲と向上心が強かった。電通並みのことを小さな会社がやり遂げましたと、自分が手がけた戦略を発表するなんて、選挙プランナーとしては考えられんことをした。

あるいは、斎藤から目をそらさせるために、折田が鉄砲玉になったんやないかと僕はにらんでいる。あとの面倒を見るからという条件で折田が全部罪をかぶるという作戦。いずれにしても、一人行脚から始まる逆転劇を描けるのは電通ぐらいしかあらへんから、裏で電通が黒幕として動いていたんやないかと思っている。

ただし、この本の第６章でゲスト出演してくれる関西学院大学の冨田宏治教授は、折田のことも黒幕のことも別の見方をしてはるから、この続きは第６章に回すことにしよか（p．１３２）。

松尾　でも、電通は高いから斎藤個人では払えないんやないですか？

坂本　確かに、大阪都構想の住民投票のときは、電通が大阪維新の会から請け負った金額は10億円。住民投票には公職選挙法が適用されへんから、いくらでもお金をかけられた。

松尾　でも、大阪維新の会は住民投票で負けて、まだ完済できてないって聞いてます。

坂本　数か月で10億は高いと思うわ。払えへんかった分、何で穴埋めしているのか知らんけど。

松尾　ところで、今回も藤川晋之助流のネット戦略やったんでしょうか？

坂本　主にSNSを使って選挙の流れを変える手法は、東京都知事選から始まってる。7月の東京都知事選の石丸、それに続いて9月の総裁選の高市、10月の総選挙のときの玉木、そして兵庫県知事選の斎藤。あいつらの台頭は、ネット戦略が功を奏したことは間違いない。

実際、都知事選のときに石丸に付いていた16のユーチューブチャンネルのうちの8チャンネルが、アカウントも変えずに玉木に鞍替えしている。それがそのまま斎藤に流れたという話もある。

松尾　確かに東京都知事選からですね、ネット上の不気味なうねりを感じたのは。

坂本　そして直接的、あるいは間接的に関与しているのが藤川晋之助。２月の東京都知事選の石丸と９月の総裁選の高市には藤川晋之助が直接関与している。10月の総選挙のときの玉木は相談したけど断られたはず。結局どうなったかな。別のチームを紹介されたのか、あるいはまねをしたのか。でも藤川の影響を受けているのは間違いないやろ。

松尾　そのあとが兵庫県知事選……。

坂本　あくまでも噂でしかないけど、折田は東京都知事選のときに石丸陣営にいたという話もある。ただ、石丸と高市のネット戦略を担当したことと、玉木と斎藤にも打診されたけど断ったことは事実で、藤川本人が自分で言っている。

松尾　全部が全部、結果につながらなかったけれど、票を伸ばした人の裏に藤川の影が見えるのは不気味ですね。

立花孝志の選挙ビジネスの恐怖

坂本　斎藤が勝ったもうひとつの要因は立花孝志の乱入。立花が乱入してきたのは、兵庫県のためでも斎藤を応援するためでもない。

松尾　選挙ビジネスですよね。

坂本　立花の目的は金儲け。維新の県会議員に明石のホテルで、非公開だった百条委員会を隠し録りした音声データをもらったといわれている。そのデータから元西播磨県民局長の不確かなプライベート情報なるものを聞きかじり、それをネタに大騒ぎを仕掛けた。

松尾　意図的に斎藤と連動した動きやないですよね。

坂本　初めから斎藤陣営と立花とが共同してやったというのは考えすぎやと思う。ただ、立花がいいネタを掴んだので、そのネタを最大限使ってビジネスをやったことは確か。

松尾　それにしても兵庫県知事選ほど、人権とか個人の尊厳が踏みにじられた選挙はなかったと思うんです。その象徴が立花孝志。

坂本　要するに元西播磨県民局長のプライバシーを手に入れたのをいいことに、根も葉もないことを言いまくった。あとで立花本人も間違ってたことを認めたけど、政見放送でもでたらめを言って元西播磨県民局長を貶めた。ひどいもんや。

あげく百条委員会の委員長をしてる奥谷議員の自宅に押しかけて脅迫した。こっちは奥谷議員に刑事告訴されている。

松尾　立花の動画は１５００万回ほど再生されているんです。それがいくらになるか、僕にはちょっと計算できませんが、相当稼ぎましたよね。

坂本　立花のアカウントはユーチューブ側から収益を停止されてるので、直接の稼ぎはないと思う。ただ、まわりのN国信者が「切り抜き動画」で稼いでいるはずやから、かなりの上納金があったんやないかな。

松尾　まあ、いずれにしても興味本位で立花の動画を見てしまうと、次から次へと同じような動画が上がってくるので、うんざりです。もう見るのを止めましたが。

坂本　確かに、エコーチェンバーはええ迷惑やで。立花の動画を続けざまに見たらもうあかん。その後ずっと選挙期間中、立花系の切り抜き動画しかあがってけえへん。タイトルがどぎついからついつい見てしまう。

ただ、立花も必死なんやと思う。ユーチューブの収益を止められてるから、あの手この手で金を稼ぎまくるしかなくなっている。なにしろ十数億ともいわれる借金を返さなあかんしな。これも冨田先生の見立てやけど、今年２０２５年７月の参院選で比例名簿の1位を10億円で売って、一気に負債をチャラにするという魂胆らしい。

松尾　今後の選挙において迷惑系ユーチューバーをどう考えるか。実はこれもネット戦略と同じで連鎖反応ですよ。たとえば、つばさの党の黒川敦彦。ユーチューブで炎上商法するために、衆議院東京15区補欠選挙に立候補し、他陣営に対して派手な選挙妨害を行った。黒川は結局逮捕されたから東京都知事選には出られなかったけど、その都知事選で今度は立花があくどい選挙ビジネスをしたでしょ。

坂本　選挙ポスターの掲示板売買やな。兵庫県知事選でもそれをやろうとしたらしい。兵庫県の選挙管理委員会は、立花が10人以上立候補させるとか言っているのを知って、あわててポスターの掲示板を手当した。総選挙のときの掲示板を破棄しないで、そのまま知事選に回したんや。

松尾　結局、掲示板を売りつける候補者集めに失敗したんですよね。それで自分が出るしかなくなった。しかし、そこにはポスター掲示板売買よりもっと美味しい話があった。だから戦略を変えて、自ら立候補し、自分の当選を目指すんではなく、斎藤の応援に回ることで炎上ビジネスを始めたというわけですね。

坂本　ネット選挙の問題とは別に、立花的な炎上ビジネスはそれはそれで非常に危険。政治の劣化を招くよ。自分の当選のためではなくて、他の候補を応援する目的で立候補するというのは、公職選挙法違反。公選法の盲点を突いたと言う人もいるけど、盲点でも何でもない。誰でも一度は思いつくけど、あかんに決まっているからせえへんだけや。それを平気でするから怖い。

松尾　金にあかして、10人も20人も立候補させたら大変なことになります。

坂本　10人が10人、ある特定の候補者を応援するため立候補したら、10人分の選挙カーが走り回り、拡声器が10台に増える。そんなことが起こったら、公職選挙法の立て付けを根本的に破壊していくことになる。

松尾　この問題はちゃんと対応しないと、これから日本の選挙で何が起こるかわからなくなります。まさに坂本社長がおっしゃるように、ネット選挙の問題とは区別しないといけない問題ですよね。

坂本　立花はオールドメディア対ネットという分断にすり替えて、真実はネットにあると煽りまくった。そして、人権とかプライバシーなんてまったくおかまいなしにアップしまくった。

松尾　むしろ、オールドメディアのように検証過程を踏んでないので、ネット情報のほうがガセのはずですが。

斎藤当選を実現させたもうひとつの力

坂本　しかし、ネットと立花の乱入だけやったらぎりぎりのところで稲村和美は勝っていたと思う。

松尾　では他にどのような要因が？

坂本　冨田先生が面白い分析をしてはる。

ＳＮＳ戦略や立花の乱入で動いたのは50万票くらい。人口が3倍の東京で動いたのが１７０万票と言われているから、兵庫の場合はその３分の１と見るのが妥当やと言うてはる。

松尾　それなら稲村さんの勝利となります。

坂本　だから、他に何かが動いたことになる。やっぱり兵庫県の伝統的な保守、西村康稔、盛山、山田……。

松尾　盛山、山田って、誰ですか？

坂本　これも冨田先生に聞いたんやけど、兵庫県には盛山正仁、山田賢司、大串正樹という3人の壺議員がいる。３人とも統一教会と政策協定を結んでいるそうや。

松尾　ズブズブの壺議員ですね。

坂本　そして西村康稔や。西村は倫理法人会とツーカー。斎藤陣営の選挙カーの横に主要メンバーが並んだ動画が出ているけど、そこには斎藤元彦と、「チームさいとう」LINEの中心メンバーとされる「粗品」というアカウント名の人、それから折田楓に倫理法人会の朝比奈秀典がいる。おそらくこの4人が中枢やったと想像できる。

松尾　つまり、倫理法人会もバックにいたと。

坂本　明石の倫理法人会は完全に西村の組織やな。だから西村康稔をはじめとする自民党国会議員の組織がフル稼働したんや。ネットで動いた数十万以外に、自民党が伝統的に持っている組織票、そこに維新の組織票も含めれば兵庫で150万票くらいになると言われているから、斎藤の得票数110万の説明もつくと冨田先生は分析している。

松尾　選挙戦の後半から鈴木エイトが頻繁に兵庫入りしているというニュースを聞いたんですが、斎藤を応援している聴衆にどれだけ信者がいるかを確認しに来ていたのでしょうね。

坂本　統一教会も倫理法人会も動いたと思うよ。だって選挙後半のあの熱狂はおかしいよ。当選後の初登庁のときの、斎藤の姿を見に集まった人たちも。

松尾　ということは東京都知事選以来のネット戦略があって、立花孝志がガセネタを暴露しまくって、そこに自民党の組織票が加わった。この3つが別々のところで動いて、相乗効果を起こしたということですか。

坂本　いや、さっきも言うたけど、僕は別々ではないと思っている。立花の乱入はまったくの想定外やと思うけど、それ以外はシナリオを描いたヤツがいるんと違うやろか。でもそれは折田一人ではできへん。やっぱり僕は電通が黒幕におるんではないかとにらんでる。

数年前に斎藤に入れた自民党・維新支持層たちが、斎藤バッシングの間は、臍《ほぞ》を噛む思いをして、下を向いて耐えていたわけやろ。オレたちが押し上げた斎藤知事が袋だたきにされているのを見て、なんでこんなにやられなあかんのやと思っていた。でも声を上げることができなかった。

ところが、ネット戦略が功を奏して、どんどん盛り上がってきたから、今までの鬱積を一気に晴らすように、それに乗っかって雪崩を打って動いた。その結果、斎藤当選となったと思うよ。

松尾　そんなにシナリオどおりいくでしょうか？

坂本　確かに絵に描いたように進んだ。だから、当選して一番驚いているのは斎藤本人かもしれんな。

さかのぼればこの流れは東京都知事選から

松尾　分断とかネット戦略は東京都知事選挙から拍車がかかってきたと言ってもいいですよね。

坂本　蓮舫が急激に勢いを落として、逆に石丸が上がってきた。あの男にそんなに人を吸引するチカラがあるとは思えん。平たくいえば選挙がユーチューバー化したんや。都知事選には雨後のタケノコのように候補者が現れたけど、みんなが体の悪いユーチューバーみたいなもん。その最たるものが石丸であって、バックにいた藤川晋之助がネット戦略を立てて見事にバズった選挙やった。

松尾　しかし石丸は中身空っぽですよ。

坂本　石丸はユーチューバーのその先のティックトッカーと言うたほうがええかもしれん。配信の秒数がえらい短い。政策なんて言わんでもええ。その数秒で決めゼリフを言うだけ。歌舞伎でも睨みだけでは商売にならんやん。多少なりとも芸がいる。それがあいつにはない。

松尾　どうして支持が広がったんでしょうね？

坂本　単純に考えたらわかることやん。まずスポンサーとしてドトールコーヒーの鳥羽博道を引っ張ってきた。その資金を使って、今までにない編集ノウハウでショート動画を作り、今までにない多頻度の配信をした。とにかく、小池への批判票を蓮舫から奪って、石丸に集まるようにせなあかんかったからな。

松尾　なんでドトールコーヒーは石丸のスポンサーになったんでしょうね？

坂本　おそらく電通が引っ張ってきたんと違うかな。石丸は軽く2億円集めたとか3億円集めたとか言うてる。広島の安芸高田市という一地方の市長を務めただけのヤツに、そんな大金が集まるわけない。そんなことできるのは、電通しかない。

松尾　そもそも、なんでドトールコーヒーなんでしょう？

坂本　ドトールコーヒーのおっさんは安倍友の一人やからな。やっぱり電通は怖いわ。石丸の中身のなさからいうて東京都知事なんて到底務まらんのは、石丸本人も電通もようわかってる。それでも安芸高田市長を辞めた石丸にスポンサーを付けることができるところ、高度なネット戦略を運営できるところ、そう考えると電通しかあれへん、と僕は思う。

松尾　ユーチューバーの配信もそうですけど、マスコミの報道も偏っていましたよね。

坂本　だから今回の兵庫県知事選でもそうやけど、メディアの罪は大きいよ。石丸は安芸高田市の市長時代のことで不都合な裁判が2つあったけど、負けたほうは小ぶりに放送する程度で、他は一切報道していない。忖度がはなはだしい。

松尾　小池の疑惑もそうです。カイロ大学卒業は詐称やないかという報道は多少あったけど、もっと大きな疑惑はほとんど報道されていません。たとえば、三井不動産への天下りとか晴海の都有地の常軌を逸した割引販売とか。

坂本　9割引きらしいで。史上最高のバーゲン価格！

松尾　石丸や小池の不都合なことは報道しない一方で、蓮舫については、かつての民主党政権時代の事業仕分けのイメージをテレビでばらまく。「二番じゃだめなんですか」という部分が切り取られて。僕は甘いかもしれないけれど、蓮舫はもうちょっといくと思っていました。

坂本　あいつらはうまい。だから怖いし、要注意。忖度しながら誘導する。東京都知事選のときも仕込みすぎて、小池が危なくなると思ったら、安芸高田市の裁判ネタを流して、バランスのとれた得票数に整える。

松尾　確か１６０万票でした。

坂本　小池は２５０万票ぐらい取るやろうという計算を元にした調整やで、きっと。

松尾　すべては小池を当選させるための戦略。そういえば石丸の選対本部長は自民党系の人ですよね。

坂本　石丸は「政治屋」の一掃なんて耳障りのええことを言うてたけど、選対本部長の小田全宏は、萩生田光一が主宰していたＴＯＫＹＯ自民党政経塾の塾長代行。「政治屋」そのものや。

松尾　大阪維新の会と同じ臭いがしますよね。

坂本　石丸もそうやけど、小池もそう。恩恵を受けた連中が支持するわけや。企業に恩恵を与え、組織に恩恵を与え、都民ファーストのトップのくせに自民党の秘密の集会を開いて、お願いすると言って実際には圧力をかける。

松尾　すると一定数の投票は読めます。

坂本　その数字で勝てる選挙を作り出していくわけよ。電通が組織を動かし、マスコミを動かす。当選したら今までどおりの恩恵を受ける。大阪維新の会の場合でいえば、お友だち企業を中心に3割の投票で勝てる選挙にする。だから政治もお友だち企業に向いたものになってしまう。今の政治の腐敗を遡れば、源流は維新政治にあるんや。

第2章

源流となる維新の悪政

2割に向けた維新政治

坂本　政治はね、僕はいつも言うてることやけど、分配することにある。まっとうな政治は、国民に、そして弱い人に広く手厚く分配する。

ところが、大阪維新の会を見ていると、選挙のときの基礎票を2割に置いて、その2割にだけ向いた政治をしいている。お友だち企業と、自分は「勝ち組」やと勘違いしているイキった層が、その2割の中身や。

松尾　嫌な層ですね。

坂本　大阪維新の会はその2割を基礎票にして、3割ほどを獲得してきた。投票率が50％ぐらいまで落ちると、3割を固め切れば過半数を取れる。逆に投票率が60％を超えると、3割では過半数に届かへん。投票率が60％を超えた大阪都構想が2回とも否決されたんがその証拠。

松尾　けれど最近は陰りが見えてきました。基礎の2割も危なくなってきているんやないですか？

坂本　足りんようになってきているわな。どの選挙も苦戦。

松尾　以前は、やれイソジンや、やれ空飛ぶクルマやと、調子のええことを言って注目を集めていたけど、そういったうそに釣られる票がなくなってきたってことですよね。

坂本　そう。大阪維新の会の底が知れてきたっていうこと。みんなが気づき始めたらしい。望ましい現象や。

松尾　関西のメディアをがっしりと押さえているのに、底が知れてきたって何か理由があるのでしょうか？

坂本　やっぱり大阪・関西万博のやりたい放題とか、兵庫県の斎藤知事の悪行三昧などやと思う。驕りというんかな。やりたい放題の弊害が露呈してきて、さすがの大阪の人も大阪維新の会の本質に気づきだしたということやと思う。

松尾　それでも先日の衆議院選挙（２０２４年10月）では、日本維新の会は大阪の19の小選挙区で全勝しました。選挙結果を表す日本地図で大阪府が維新のマークだけで全部埋まるというのは異常ですよね。

坂本　確かに異常やわな。せやけど、比例の近畿ブロックの日本維新の会の得票数は、前回の318万票から207万票に落としている。率にしたら35％減やから激減と言っていい。得票率も34％から23％へと11％も落とした。全国的にも退潮傾向にあるのは間違いない。けど、一方で大阪の小選挙区で全勝したのも事実。せやから、2年後の大阪市長選、府知事選に向けて、もっと徹底的に維新批判を続けなあかんということやね。

松尾　坂本社長の出番もまだまだ続きますな。

維新の会の愚行をおさらいする

坂本　得票率を落としたと言うても23％と、近畿ブロックでは第一党なんやから油断はできへん。

松尾　この本を読んでくれている人の中には、維新の問題をよくご存じの方もいるでしょうけど、まだまだ知らない人も多いと思います。そういった読者に向けて、坂本社長、維新のやらかしたことを順にあげて、おさらいしませんか？　すでに知っている人には、まわりに広めていってもらいたいですしね。

坂本　何からいこ？　なんぼでもあるから迷うで。

松尾　イソジンなんかどうです？　あれもひどい話やったでしょ。

坂本　ひどいなんてもんやない、大問題や。

松尾　吉村知事がコロナにかかったやないですか。イソジンを飲まなかったんでしょうなぁ（笑）。

坂本　イソジンがコロナに効くわけないやん（笑）。それよりも大問題は発表のタイミング。普通、株価に影響があるような重大発表は金曜日の夕方にするもんや。それがどうよ。あの発表は木曜日の２時。

松尾　イソジンを片手に「コロナに効くのではないかという研究結果が出た」とドヤ顔で発表していました。

坂本　当時は感染拡大の第２波の真っ只中。おまけに会見はテレビ中継されてたから、それを見た人は薬局へ殺到や。イソジンはあっという間に店頭から消えた。

松尾　イソジンの関連株価の銘柄も急騰したんでしょうね。

坂本　販売元は明治ホールディングス。株価は日中上昇7・7％高の８９９０円まで上がった。その翌日に当時の官房長官やった菅が「政府としてもこの研究の状況をしっかり注視していきたい」と会見して、その後、株価は反落や。吉村はツイッターへの投稿で「誤解なきよう申し上げると、うがい薬でコロナ予防効果が見られるものではありません」と発信しよった。開いた口がふさがらんとはこのことや。

松尾　高騰して急落でしょ。うがった見方をしなくても売り抜けした人がいると思いますよ。限りなくインサイダーの臭いがします。

坂本　維新の怖いところはそんな疑念を持たれても平気で実行すること。くじらのときもそうやんか。

松尾　くじら……？

坂本　大阪湾でくじらが死んだことがあったやん。

松尾　ありましたな。紛れ込んで死んだのか、死んで流されてきたのか、そんなことがありました。

坂本　くじらが死んだら普通は陸へあげて、適切に処置して埋葬する。死んだくじらの体内にはメタンガスがたまるからきっちり処理せんと爆発する。メタンガスを抜きながら、骨などうまくとれたら博物館の骨格標本にするという活用法もあるらしい。

松尾　なるほど、それで？

坂本　だいたい費用は２０００万円くらい。当初はそうする予定やった。ところが急に松井市長がくじらは海の生き物やから海に帰してあげたいなんて言いだした。

松尾　一見ヒューマンな意見に聞こえますが……。

坂本　なんでやねん。どうなったかというたら、松井のお友だち系の処理会社が出てきて、かぱっと底が開く船で鯨を沖へ捨てにいった。驚くことに当初は３８００万円やった見積もりが、沖へ捨てにいくことによって８０００万に膨れ上がった。

松尾　倍以上ですやん！　それ税金ですよね。

坂本　僕はメディアが報道する前に、ラジオに呼ばれたときにこのことをしゃべった。

松尾　メディアより先に？

坂本　4か月ほど前に。

松尾　メディアより先になんで社長が知っているんですか?

坂本　僕のところにたれ込みがあった。

松尾　誰からですか?

坂本　僕の携帯に市役所の職員から電話がかかってくるねん。府も市も恐怖政治を敷いているからメールとかはヤバイ。電話って案外バレにくい。証拠も何も残らへんから。

松尾　社長の電話が善良な役人の駆け込み寺ですか(笑)。大阪にも良心的な公務員で不満を持っている方がいるってことですね。兵庫県だって、元西播磨県民局長が斎藤県政の問題点を公益通報したわけですから、組織内では物が言えん状態なんでしょうな。

坂本　そうやと思う。

松尾　維新の問題を知らない人に、こういう話をもっと広げていかなければあきません。この本を読んでいただいた方は、ぜひまわりに広げてください。

坂本　ネットでの拡散も歓迎や。
松尾　では、次にいきましょう。

維新の悪行はまだまだある

坂本　許されへんのは、大阪府が大阪市の財布に平気で手を突っ込んで使い込みよること。大阪市を食いもんにしてる。大阪維新の会が門真とか松原とか周辺の地域に強かったのは、大阪市の金を財源にして、これします、あれしますよって都合のええこと言うから反対しにくくなる。
松尾　それって人の財布からお金を抜き取って、ばらまいているようなものやないですか。
坂本　大阪市の金を狙った巨大な悪巧みが大阪都構想やった。これは潰せたけれど、今の大阪市庁をよう見たら、財政局や経済政策局など重要なポストの偉いさんはみんな大阪府から来たヤツ。府から来ているから市の金は他人の金と思っているんとちゃうかな。好き放題に使っている現状がある。

松尾　それもひどい話ですね。

坂本　だいたい大阪都構想に代えて、もっともらしく「府市統合」を言い出したところから怪しいんや。

松尾　しかし、そんなうそやからくりもバレ始めていますよ。

坂本　勢いのある頃は、吉村はファッションショーのランウェイを満面の笑顔で歩いていたり、大阪万博では空飛ぶクルマが自転車のようにぐるぐる飛んでいるとか言うてたけど、さすがにもう通用せえへんよな。

松尾　空飛ぶクルマもインチキな話ですよね。最初から飛ぶわけがないとわかっているのに真に受けた人らがいたっていうのが面白いです。

坂本　普通に考えたらわかるやん。自転車のように空を飛んでいたら、事故ってもおかしない。そうなると、空から車と人間が降ってくるって恐ろしいことが起きるわけよ。

空飛ぶクルマが実現せえへんとわかってからは、今度は大屋根リング。釘を1本も使わへん伝統工法で、清水寺と一緒や言い出した。あれ、清水寺が怒ってきよるで。あんなんと一緒にされたら清水寺はえらいイメージダウンや。

松尾　本当にそうですよね。ボルトがいっぱい見えていますよ。それに世界一って言っていますが、何の根拠もないですよね。

坂本　いや、世の中にあんな建築物はないから、どんな大きさでも世界一になるよな。見せかけだけをでかくするのはうまいわ。しかし、それやったら1メートルの爪楊枝作っても世界一や（笑）。

松尾　それに何ですか、便器は2億円でしょ。無茶苦茶ですよね。吉村知事は「若手デザイナーにも活躍の場を」なんてわかったようなことを言うてますよ。能登が地震で大変な被害にあっているときに。

「能登は仮設トイレも足りないのに、なんで大阪万博のトイレはひとつ2億円なのか」というXの投稿を見つけたんで、すぐリポストしときましたけどね。本当に国や経済のためにやるんやったら能登で万博を開催するべきですよね。

坂本　そうや。場所もあるし、何よりも復興になる。せやのに石川県の馳知事は大阪万博に県の金を1千万円出しよる。反対やん。

松尾　馳知事が維新の会の顧問かなんかやからですよね。

坂本　大阪維新の会は、自分たちの都合にええことだけを平気でしよる。

松尾　御堂筋のイルミネーションは松井の親戚の企業かどっかに発注していたという話もありましたね。

坂本　住之江競艇場の場合と一緒や。あそこの電球を1個交換するたびに松井が作ったか、関係している会社にチャリンと落ちるんや。

松尾　東京都庁のイルミネーションもそんな臭いがしますよね。誰がどう見てもあんなもんに四十何億円もかからないでしょ。

坂本　誰かが小池は疑惑のデパートって言ったけど、大阪維新の会は犯罪のコンビニエンスストア。もうお気軽にいろんな犯罪をしでかしよる。

松尾　汚職もそうやし、税金の無駄遣いとか利益誘導とかも許されないことですが、それ以上に素行の悪さとか、不祥事が多すぎるやないですか、大阪維新の会は。ひき逃げとか、中学1年生の女の子への性的暴行やとか、そんな輩が集まっているわけですよね。

最近も岸和田市の永野耕平市長が政治活動で関わりのあった女性と性的関係を続けたって問題になったやないですか。

坂本　５００万円を払って和解したんやろ。５００万円も払わなあかんことをしてたということや。まあ、大阪維新の会はネコババの馬場がおるところやからな。

松尾　日本維新の会の元共同代表の馬場伸幸のことですか？　何をちょろまかしたんですか？

坂本　ちょろまかしたレベルやない。社会福祉法人の理事長の認知症につけ込んで、法人を乗っ取ったと文春に書かれた。18億円の規模らしい。本人は一切口をつぐんだまま。まだ弁明してへん。

松尾　そういえば橋下と松井が組んで口利き会社を作るって動きもあったでしょ。

坂本　「松井橋下アソシエイツ」やろ。あきれた話や。大阪府知事・大阪市長・国政政党代表を歴任してきた二人が経験や人脈を活かして、公共事業や関連企業に道筋をつけたると言うんや。

松尾　元府知事や元市長がお金をもらって公共事業に口利きしたら、それはもう犯罪ですよね。維新流に言えば口利きを透明化するって言うんですかね。透明化しても犯罪は犯罪です。落語に「口入屋」という噺がありますが、これは誰が見ても口利きですよね。

坂本　堂々とそんな考えを出してくるって感覚がずれているよな。麻痺していると言うてもええ。既得権を利用して商売するなんて政治家が一番やってはいかんこと。それを悪いことだと思っていない。堂々とする。朝日新聞に広告まで出している。

松尾　計画は頓挫したんですよね。

坂本　当たり前やん。批判殺到や。誰だっておかしいと思うよ。俺らに言うてもらえば行政に道筋をつけまっせ。まあ、その分、お礼は弾んでもらいますがって、真っ黒やないか。それを元大阪府知事・元大阪市長の肩書きを見せびらかして、白昼堂々とやろうとする。品性のなさというか。

松尾　下劣極まりないですよね。

坂本　馬場は東京の銀座で飲み歩いているし。

松尾　銀座で飲むのはいいのでは（笑）。

坂本　あいつ、飲み歩き過ぎてカードの限度額を超えて支払うことができへんことがあったらしい。

松尾　なんでそんなことまで知ってはるんですか？

坂本　チクってくるヤツがおるんよ。

松尾　ほんま、坂本社長、恐るべしですわ。

「身を切る改革」の身は誰の身か？

松尾　大阪維新の会の人たちは「身を切る改革」ってよく言いますけど、あれは誰の身を切るっていう意味ですかね。

坂本　たとえば議員を減らすって聞こえはええ。でも実際は自分たちの選挙のため。

松尾　選挙をいじるのは独裁政治の第一歩っていいますよね。

坂本　大阪維新の会がどこを減らしてきたかというと、３人区の２人を減らして１人区にしてしまう。

松尾　３人区でしたら維新の会の議員が確実に通ったとしても、あとの２人は別の党になる可能性が出てきてます、共産党も含めて。それを１区にしてしまうと、今のところ一番強い大阪維新の会の議員しか通らない。

坂本　大阪府の府議会選挙がほとんど小選挙区制になってしまって、大阪維新の会が独占してしまった。

松尾　それを、議員報酬を削減するために議員を減らすなんて言ってごまかしているんでしょ。

坂本　大阪の全体の予算からしたら議員の給料なんて微々たるもの。

松尾　それは国会議員についても言えますよ。

坂本　議員を減らすのはおかしい。５１２人いたころの衆議院の方が今より安くついてる。なにせ当時は政党助成金もなかったし、公設秘書は二人まで。議員の数も多いから一人の議員が入る委員会の数も今より少ない。だから、公設秘書も二人で大丈夫やった。

松尾　政治に金がかかるようになりました。昨今の裏金問題にもつながってくる話です。

坂本　地方自治体で、市議会議員とか県会議員とかで、１人区が最も多いのが大阪府議会議員になった可能性がある。他の地方は複数選挙区が多い。

松尾　大阪維新の会が強くなってからそうなってきたんですかね？

坂本　何回も言ってるとおり、大阪維新の会の政治は全体の２割に向いた政治なんやな。選挙で全体の２割を固めて、そこに聞こえのいい言葉やうそに騙された１割の票がプラスされれば十分いけるという計算。

松尾　だから小選挙区制みたいな制度が一番いいわけですね。

坂本　当日の投票率が50％やとしたら、もう確実に勝てるわけ。利益を得る２割がそれを支えているわけや。

松尾　そういうからくりを他の県の人はわからないから、大阪は大阪維新の会がえらい強いと思うんですよね。

議員だけではない、都合のいい効率化

坂本 「身を切る」といって、自分たちの都合のええように減らしたのは議員数だけやない。施設もそう。大阪の周辺でみたら松原市が一番いい例で、病院をつぶしてショッピングセンターにしている。1軒できたら2軒目、3軒目とできて、今は4軒くらいあるんと違うかな。

松尾 松原市民は買い物が好きなのですか(笑)? 病院も大切やと思いますけど。

坂本 病院のままでええと誰でも思うよな。もう愚の骨頂。それでホームセンターが1軒、巨大なのができたと思ったら、また同じようなものがどんどんできてくる。

松尾 どうしてそんなことが起きているのですか?

坂本 松原市長は大阪維新の会なんや。最初は自民党やったけど。二期目は自民党や

けど大阪維新の会寄りの考え方で、三期目からは大阪維新の会に鞍替え。

松尾　節操のない市長。大阪維新の会が人気だからそれにあやかろうという魂胆が見え見えやないですか？

坂本　市長が大阪維新の会になるとこうなるわけ。ゴミ焼却所もない。火葬場もない。保健所もない。

松尾　どんどんなくしていくのですね。

坂本　ゴミ焼却所がなくても大丈夫。大阪市で焼かせます。だから節約になりますという理屈なんや。保険所は藤井寺市にあります。だから節約しますと。

松尾　そんなばかな理屈がありますか。合理化してはいけないところやないですか。

坂本　そう。小さい政府と言っている間に、政府がなくなっている感じ。そんな事態に陥っていることに市民が気づいていない。行われていることがええことか悪いことかわかっていない。

松尾　火葬場はいりません。近くにあります。無駄を省きましょうって響きはいいけれど、市民のクオリティ・オブ・ライフは必ず低下します。声高に言われると、無駄を省いてくれたらその分は僕らのために使ってくれるんだって勝手に想像してしまいます。

坂本　妄想を抱かせるわけや。大阪維新の会の連中はその妄想の抱かせ方が上手いよね。

松尾　「身を切る改革」という言葉に本当に騙されていますよね。ところで話は変わりますけど、大阪府は国道の木を切ってるって聞きますが、あれも管理費を浮かすためですか？

坂本　木の維持管理はお金がかかる。ただほんまに切らなあかん木もあると思うよ。だって、街路樹にそんなに大きな木は必要ない。視界が悪くなったり、街路樹としての効果を発揮できない木は切るべきと思う。

問題は切り方。もう乱暴なんや。ずばって真ん中で切りよんねんで。ギンナン拾いを愉しみにしているおばあちゃんが、泣くような切り方をしよる。

松尾　どうして切る必要のない木まで切ったり、植え替えたりするんですかね？

坂本　「木を切る改革」っていうのはどっかがやってたんやろな。使えるって思ったんやで、きっと。でかい木を守り続けるよりも小さい木にしたら儲かるとピンときたんかもしれんね。

松尾　本当だとしたらその動機に腹立ちます。

坂本　木を切っているのは大阪維新の会の身内企業で、浮いた金はお友だち企業の優遇に回ってるんと違うか。

お友だち企業のための
愚策の数々

第3章

交通事故ワースト1の大阪

松尾　坂本社長は前著の『維新断罪』（せせらぎ出版）で大阪維新の会が無駄を省くという名目で職員やサービスをどんどん削減した結果、コロナによる死者や交通事故死が増えたとおっしゃっていました。

坂本　交通事故の数は東京についでワースト2。東京が1位なんは、向こうのほうが車の数が圧倒的に多いから。せやけど交通事故死になると大阪が2年連続でワースト1になる。

松尾　事故は2位でも事故の死者は1位。

坂本　走行路の目印になる白線を定期的に引き直さへんから、かすれて見えんようになっているぐらいや。最近もっとひどいのは、住宅地の黄色い線を白線に変えていること。

松尾　あの追い越し禁止の線ですか？

坂本　それが白い破線に変わってきている。
松尾　黄色のほうがお金はかかるんですよね。
坂本　それはそう。黄色で線を引いたほうが材料費はかさむ。入札と称して、安かろう、悪かろうを押しつけるわけよ。
松尾　それ、道路交通法にもかかわるんやないんですか？　そんな勝手にできるんですか？
坂本　そこや。何のために府議会に大阪維新の会の議員がたくさんおるかということや。さらに言えば、大阪府警の一番偉い人は誰やということになる。
松尾　大阪府警のエライさんは大阪府警本部長。その上は確か……。
坂本　大阪府知事。
松尾　そういうことですか！
坂本　住宅地に行ってみ。確実に黄色い線が減って、白い破線が増えているから。
松尾　そんなことして、府民の誰のメリットにもなりません。
坂本　府民のメリットを考えへんのが大阪維新の会。一応、入札だけさせておいて、自分とこのお友だち企業に決まったあとは白線にしてしまう。ケチった分はキックバックされるのと違うかな。

松尾　そう思ってしまいますよね。でもね、タクシー会社の社長の目から見てね、細かい話のように見えて、確実に事故につながる原因になるんやないですか？

坂本　おっしゃるとおり。ただ、大阪維新の会にとっては、事故につながろうが、つながるまいが関係ないわけ。実際には交通事故死は増えている。知事でありながら、ワースト1であること、交通事故で府民が死んでいることに対して何にも言えへん。考えへんし、対策もせえへん。

松尾　これだけ交通事故が多い大阪やから、大阪だけはキックボードはダメですよというのが本当ですよね。

坂本　キックボードの利用できる場所、知ってる？　環状線の内側だけなんやで。

松尾　えっ？　大阪で一番交通量の多いと言ってもいい所です。それってもっと事故を起こせって言っているようなもんですよ。

坂本　いや、死ねというやり方や。フランスなんかは禁止や。レンタルもあかん。乗りたければ保険付きで自分で買わなあかん。

松尾　キックボードはほんまに怖いですよ。重心高いしね。車輪も小さいから、ちょっとした段差でガーンってバランスを崩すわけでしょ。それに平気で歩道を走りますしね。事故のもとです。

坂本　誰が考えてもそう思うのに、あれよあれよという間に解禁になってしまう。どっかとつながっているんやろな。

私立高校無償化の裏にある闇

坂本　やりかたが汚いと思うのは、言葉をどんどんすり替えること。身を切るって誰の身を切っているのか？

松尾　大阪維新の会の動きを見ていると、自分たちの身を切る振りをして府民、市民の身を切っていますね。

坂本　ほかにも自転車で通える府立高校がいっぱいあったのに、統廃合してなくしていくわけや。近所の高校がなくなったら自転車で通われへん。それに吉村が突然、大阪の私立高校の無償化をぶちあげたやん。

松尾　私立の高校は高いというイメージがありますから。

坂本　あれは上手いこと言うて、私立高校へ誘導しようという魂胆やね。案の定、大阪府の高校受験に異変が起こった。もともと大阪は公立高校が優位やった。でも２０２４年の全日制公立高校１４５校の約半分の70校が定員割れになった。

松尾　大阪府が私立高校の授業料無償化で所得制限の撤廃を進めた結果ですか？

坂本　そう。問題は大阪府の公立高校には変なルールがあること。大阪府の公立高校は３年連続定員割れをしたら、その学校は廃校になんねん。無条件で。

松尾　学校がなくなる？

坂本　橋下が大阪府の知事やった時代のこと。２０１２年に教育改革と言うて、３年連続定員割れした公立高校は廃校にするという条例を通した。

松尾　公立高校の定員にはゆとりがあって当たり前ですよね。府民のための学校ですから。むしろゆとりがあるべきとも言えます。しかし、それを理由に廃校にするとは、どんな改革と言いたくなります。

坂本　当時の大阪の教育委員会は大反対。けっこう激しくやりあったけど、最後は橋下得意の脅し。府民に信を問うて、負けたら、これは教育委員の皆さんに責任を取ってもらうと言いよった。

松尾　責任とか、代案とか、そんなことを持ち出されると自由な議論なんかできなくなります。

坂本　実は、その裏でもっと恐ろしいことが起こっていた。大阪市の市立高校、全部で21校ぐらいやったかな、大阪府へタダで移管されたんや。

松尾　大阪市から大阪府へ、タダで？　それはひょっとして……。

坂本　そう、大阪市には定員割れしたら廃校にするというルールがない。

松尾　それって、恐ろしい話ですね。つまり大阪維新の会は市立高校を廃校させるために大阪府へ無償譲渡した。そして定員割れを続ける公立高校をどんどん廃校にしていく。

坂本　せやから柏原市や阪南市、島本町など、大阪府には公立高校がない市や町が出てきてる。

松尾　でもそれって、いくら府や市がやることやからといって、タダで譲渡できるものなんですか?

坂本　そうや、高校といっても大阪市の財産やから、市有財産を大阪府に無償譲渡、つまり大阪府にタダであげることは無茶苦茶な財産処分になる。大阪市の財産は市民の財産やから、何の見返りもなくポンと寄付してええわけがない。

松尾　えげつない話ですね。でも大阪維新の会が廃校にしたり、大阪市から大阪府へ譲渡したりするその意図は何なのですかね?

坂本　狙っているのは土地やろ。

松尾　公園にしたり、市民の建物にリニューアルしたり?

坂本　甘いわ。大阪市立の高校21校の土地・建物の総額はいくらになると思う?

大阪市の公有財産台帳価格で約1500億円。野党会派の市議から市場価格では1500億円どころか、その倍ぐらいになるんやないかと指摘されていた。

松尾　巨額やないですか。それを何の見返りもなしに手放すということですか？

坂本　大阪府知事の吉村はほくほくや。そのことに関して何も発言していない。通常、20校以上もの新しい高校を運営するとなれば、「財政負担が増えるのではないか」「大阪府に経験のない工業高校、商業高校の運営ができるのか」などの心配事は尽きんはず。吉村知事が平然としているのは、移管された高校を運営する気がない証拠。

松尾　大阪府に学校が増えたら私学無償化なんて施策も不要になりますよ。

坂本　せやから土地が目的でしかないということ。大阪市から市立高校の不動産がタダでもらえるとなれば、大阪府にとってこんなおいしい話はない。

松尾　もらった高校を廃校にして売却すればその代金は大阪府の懐に入るということですよね。

坂本　大阪市内の巨額不動産が経費ゼロで手に入るんやから、まさに濡れ手で粟。廃校になって更地になった土地にはプレサンスコーポレーションのようなマンションが建つ。そこへスーパーライフがついてくる。学校が消えて、マンションやスーパーばかりができて、それでほんまにええのっていうことやな。

松尾　教育って未来への投資です。それを奪うということは未来を奪うことにつながります。

坂本　公立高校をどんどん廃校にしていることなんかまったく言わず、メディアにも報道させず、その一方で私立高校の無償化なんてことをぶちあげる。無償化と言われた一瞬はええと思うわな。

吉村は経済的理由で私立を目指せなかった子が選択できるようになったと胸を張る一方で、公立高校には選ばれるように教育の質を高めろとぬかしよる。

松尾　それって教育の民営化ですよ。

坂本　でもよくよく調べてみると、私立高校の無償化自体もうそということがわかる。制服代はいる、入学金はいる、修学旅行代はいる。それでまた、修学旅行にまとわりつく旅行会社が儲けるのと違うか。

松尾　坂本社長が『維新断罪』でおっしゃっていたように、国鉄や郵便が民営化されたお陰で、ＪＲの列車はどんどん廃線になりました。郵便局員が詐欺まがいのことをして、おじいちゃんやおばあちゃんのお金をまきあげる。サービスより利益を追求するようになって、不便や不具合が起きています。
そんなことが一番起きてはいけない分野が教育だと思うのですが。私立高校の無償化を言う一方で、公立高校を廃校にしてその土地をお友だち企業に回しているって、まさに「身を切る改革」の身は府民の身ですよ。

坂本　大阪維新の会はどんどん太っている。

松尾　無駄を省きましょうって聞こえはいいですよね。しかし、議員定数しかり、府や市の職員しかり、大阪の公立高校しかり、一番省いてはいけないところを高圧的に叫んでばんばん削減していって、その省いた分を自分たちのために使っているとしたら、それは詐欺です。府民も市民も断固として怒るべきです。

紅麹事件が物語ること

坂本　最近、小林製薬の紅麹《べにこうじ》が問題になったやん。

松尾　多くの人の死亡や健康被害が報告されています。

坂本　10年ほど前に橋下や松井は大阪府市医療戦略会議っていうのを作った。5、6回くらい会議をしたんかな。要は機能性表示食品のしばりをなくすことが目的の会議体で、本当に痩せますよとか、睡眠に効きますよとか、簡単に表示したらあかんやつを解禁してしまえ、規制緩和しろって動いた。その結果が今回の紅麹問題。その規制緩和運動には、もちろん小林製薬も入っていた。

松尾　だからですか。小林製薬は大阪・関西万博にも早くから出展の手を挙げていましたね。何ですか、大阪ヘルスケアパビリオンですか。

坂本　でも今回の問題が起きて出展を辞めるって発表しよった。

松尾　ですね。しかし今回の紅麹問題はどうして発覚したのでしょう?

坂本　報告義務がなかったからもともと発表せんでよかった。でもいろんなところからたれ込みがあったんやろう。厚労省がしぶしぶ調べたら出るわ、出るわ。

松尾　怖っ。

坂本　その機能性食品の規制緩和の取り組みにいた一人が森下竜一。

松尾　大学の教授ですよね。
坂本　アンジェスの創業者や。
松尾　出た！　アンジェスといえば、コロナ禍のときに大阪維新の会が大々的に後押しした、大阪ワクチンの製薬メーカー！
坂本　大阪大学発の製薬ベンチャーという触れ込みで大阪ワクチンを発表して、吉村や松井が「オール大阪でワクチンを」ってＰＲしたから、アンジェスの株価は一気に急騰。巨額の補助金も降りてアンジェスはウハウハ。
松尾　でも急速にトーンダウンしましたよね。話題が先行しただけで、あえなく撤退です。
坂本　儲けるだけ儲けたから目的は達成したということと違うかな。その森下は大阪万博にも一枚噛んでて、大阪ヘルスケアパビリオンの総合プロデューサーになっている。
松尾　うさん臭い関係ですね。なんだか関西版竹中平蔵的な悪臭がします。
坂本　大阪維新の会のえげつないところは死人がでても平気なこと。兵庫県知事の斎藤が、職員に2人も自殺者が出ても平気で再び立候補した。当選しても斎藤が2人の職員の命を奪う原因を作ったことに変わりはない。ところが橋下はその上を行く。知事や市長の時代に7人もの自殺者を出している。

松尾　それは大石あきこさんが怒るのももっともですわ。

坂本　橋下はそんなこと知らんぷりやろ。人の命を何とも思わんのが大阪維新の会の政治の怖いところなんや。

松尾　逆ですよね。政治家は国民や府民の命を守ることが最優先であるべきです。

ライドシェアでも同じことが起こるだろう

坂本　それで今、吉村たちは何をしているかと言うたら、「ライドシェア導入検討プロジェクトチーム」を作っている。ライドシェアを推し進めることは、要は白タク解禁を推し進めていることと同じ。

松尾　僕はライドシェアをひとつのバカ発見器だと思っているところがありまして。もちろん導入には反対です。ライドシェアに賛成している人ってどうみてもバカというか、うさん臭いというか、信用ならんと思うのです。ライドシェアと言うだけで革新的というか、先進的なふりができると思っている薄っぺらな人に映るのです。

坂本　ライドシェアはどう考えてもあかん。僕がそういうと、自分のタクシー会社に都合が悪いからやと思われるけれど、そうやない。いろいろな問題があるから反対している。要は国交省のルールから外れたものを作ろうとしているわけ。

newmo《ニューモ》という会社がいろんなところから出資を募ってライドシェアに乗り出して、タクシー会社を買った。今のところはタクシー会社しかタクシー業務はできへんから、とりあえず買ってしまう。それから吉村が現れて、私たちはライドシェアを全力で応援しますってやるわけよ。

松尾　ライドシェアの周辺は利権とか癒着とかそんな臭いがプンプンします。

坂本　「大阪・関西万博が始まるとタクシーは足りなくなります。だから１年前からライドシェアがいるのです」って、もう理屈が無茶苦茶。

松尾　万博が終わったらどんな結果になろうと責任は取らないんでしょうね。

坂本　やっている図式は紅麹と同じやから、今から10年後に死人が出ようがどんなことが起ころうが、知ったことやないというわけや。

松尾　ライドシェアって恐ろしいことが起こりそうですよね。

坂本　簡単な話。これまでは白タクを取り締まっていた。どうして白タクがあかんか言うたら危険やから。補償も何もないから。事故が起こったときに責任をとれへん事態になるから禁止していたわけ。ライドシェアって要は白タクなんや。

松尾　万が一のときのことを考えると怖い話です。

坂本　日本のライドシェアの大きな問題は、紅麹のときと同じで報告義務が曖昧なこと。

松尾　アメリカは違うのですか？

坂本　実にきっちりしている。何人乗せたとか、どこまで走ったとか、ちゃんと報告している。

松尾　それは個人が報告するのですか。

坂本　運転手が親元の会社へ報告せなあかんようになっている。運転手もきっちり調べられる。犯罪歴まで全部調べるわけよ。それでウーバーを落ちた運転手は、リフトという審査の甘いライドシェア会社に行くわけ。

松尾　日本の社会にそんな雰囲気はありませんね。

坂本　紅麹の件でわかったけど、何人死んでも報告がなかった。死人が出まくってから気づくわけ。そんな社会にこのライドシェアが向いているわけがない。実際はニューヨークでも他の地域でもライドシェアできる車の台数制限がある。

松尾　規制があるのですね。

坂本　ライドシェアは個人営業ってところもあるから、放っておくとずっと走り続けるわけよ。

松尾　欲と得の二人連れで。

坂本　電気自動車は台数制限が緩和されている。ガソリンほど長時間走ることができへん。

松尾　こまめに充電しなければならない。

坂本　だから台数制限を緩めて、電気自動車に切り替えるように仕向けている。充電が切れたら営業終了になるから走られへん。

松尾　確かに日本ではそこまでの議論はされていませんし、そこまで考えていません。

坂本　日本人はうわべだけを見てライドシェア、ライドシェアって言う。運転って人の命を預かっている仕事だということが、いっこもわかってへん。

松尾　命を預かる仕事だとわかっていたら、そう簡単に推奨はできません。

坂本　ヨーロッパはすでに禁止している。自家用車で、有料で、届け出せずに人を運ぶことはできんようになった。ＥＵに所属しているところは全部禁止。そんな事実を見ようともしない。実はライドシェアを推進することは先進でもなんでもない。今から導入しようというところは後進国だということをわかろうともしない。

松尾　報告義務が曖昧だとすると、性犯罪が増える可能性すらあります。

坂本　そういうこと。これまでもタクシーの運転手が事件を起こしたことはあるけど、会社も連帯で責任を取っている。ライドシェアの場合は性犯罪が起きたとしても、会社は関係ないって立場をとるのやろな。配車しただけで、事件を起こしたのは運転手だと言い逃れができそうや。

松尾　個人相手だと裁判を起こしても補償額はしれています。

坂本　アメリカのライドシェアなんて、性犯罪で1回捕まると、もうウーバーには登録できへんからね。だからリフトという会社があるわけ。

松尾　リフト、怖っ。

坂本　報告義務のないこの日本ではどう考えても無理。だって国交省を離れたら、運搬の仕事なんて誰も管理できへん。そんな恐ろしいことを大阪維新の会の連中は一生懸命、拳をあげて推進しているわけよ。

松尾　河野太郎も。小泉進次郎も。

坂本　松尾さんが言うように、ライドシェアはバカ発見器というこっちゃ。

メディアの弱さが顕著になってきた

坂本　ライドシェアを特集したテレビ番組に呼ばれたときに、反対意見をまくしたてたんや。そしたら司会者のアナウンサーがぶち切れて、「それやったら乗らなきゃいいじゃないですか」と声を荒げた。

松尾　誰です？　そのアナウンサーは？

坂本　平石直之。

松尾　ああ、テレビ朝日の。彼は大阪出身ですよね、確か。

坂本　「乗らなきゃいい」って、アメリカのウーバーの事故相手の3分の1は歩行者という事実を知らへんねん。乗らんでも事故に巻き込まれる。事故したヤツが保険に入っていなかったらやられ損になる。

他にもライドシェアがなかったら外国から来た人が日本を嫌いになるって言うやつもおったな。

松尾　破天荒すぎて面白い意見。

坂本　行きたいところに行けなくなるとも言うんや。なんでやねん。ライドシェアしか移動手段はないんか。電車もあるし、バスもあるし、タクシーもあるやん。

松尾　アハハ……。

坂本　大阪維新の会は、大阪市でオンデマンドバスの導入に熱心なんや。あれは市バスを廃止したいからやと思うわ。オンデマンドバスは一見便利そうに見える。しかし、乗るほうの金銭的負担は大きくなる。市バスがあったらおじいちゃんおばあちゃんはそれに乗って行くことができる。ところが、市バスがなくなったらオンデマンドバスを呼ばなあかん。ほんまに便利なんかと思うよ。

松尾　効率も悪くなりますよ。

坂本　最近の吉村の口癖のように大阪万博が始まるとバスが４３００台足りなくなるとか、タクシーが２３００台くらい足りなくなるとか言う。ほんまか。大阪の花博のとき町からタクシーが消えたか？　それにちょっと考えたらわかることやけど、バスを４３００台も増やしてみ。バスは１台10メートルほどあるんや。それを並べてみ。

43キロやで。そんなんどこに駐車させるんや。

松尾　2300台って、どこから出た数字なんでしょう？　適当と違いますか？

坂本　なんか、呼ばれたテレビ番組も操作されてるというか、どこかに忖度してる感じがしたわ。

松尾　その背後には、広告代理店がいるんでしょうか？　昔から政党と広告代理店はくっついていましたけど、最近はあからさまですから。

坂本　よく思うけど、世の中であの電通ほど悪い会社はないな。ここまで世の中がおかしくなったのは、安倍と菅の時代から。特にここ10年くらい。経済もだだ下がり。まだ官僚主導のときのほうがこの国はよかったかもしれへんね。

松尾　確か民主党政権の頃は、日本の報道の自由度は世界で11位でした。今、気づいたら70位ぐらいでしょ。

坂本　聞いたこともない国や南スーダンとかジンバブエとか、あのへんと同じくらいまで落ちているのに、肝心の日本人だけが実感してへん。

松尾　電通だけが悪いのやなくて、構造がおかしくなったと思います。広告代理店も企業の仕事をしている間はいいんやけど、政党の代理をするようになっておかしくなってきた。東京オリンピックの４３７億円にものぼる事業を不正に調整していたのが最たるものです。

坂本　それにしても、メディアのあの弱さよ。産経新聞は発行部数が80万部ぐらいに落ちている。年に10万部ずつ減っているからあと8年でなくなるのちゃうかって言われている。

松尾　朝日も多いとき８００万部ぐらいだったのが今３００万部ちょっとですか。産経新聞は赤旗より少ないという噂もありますよね。

坂本　赤旗は２０２４年の総選挙中に、自民党非公認の立候補者が代表を務める党支部に２０００万円もの活動費を支払っていることをスクープした。

松尾　総選挙に大きな影響を与えるスクープでした。共産党は議席を減らしましたが。

坂本　人間である以上、誰もが当然、幸福になりたいと思う。幸せを追求したい。もちろん、僕もそうやし、松尾さんもそうやと思う。それに近づけるのが政治家の役割で、特定の人の利益を追求するのが役割やない。

松尾　格差が開いたおかげで豊かになった人たちもいるってテレビで力説する人もいましたよね。なんでこんなデタラメがテレビに流れるんでしょうか。

坂本　それは竹中平蔵と一緒や。若者には貧しくなる権利があるってぬかすんやで。

松尾　詭弁ですよね。屁理屈以外の何ものでもない。

坂本　メディアがダメなところはインチキ学者を次々に出してくること。三浦瑠麗みたいに政府の諮問会議にでて、太陽光発電、太陽光発電ってアホのひとつ覚えのように力説して。なんのこっちゃない、旦那が太陽光発電屋。インチキなことして捕まったけど。

松尾　丸と四角のめがねの人もインチキですね。

坂本　成田悠輔やろ。「高齢者は老害化する前に集団自決、集団切腹みたいなことをすればいい」とぬかしやがった。ど真ん中の優性思想やないか。何であんなヤツをテレビに出すねん。

松尾　あと東京都知事選に立候補した清水国明。彼はコンテナハウスか何かの事業をやっているんですよ。それで選挙運動中に、被災地の避難所は安全やないみたいなことを主張していました。だから、自分の会社が売っているコンテナハウスをＰＲするために出馬したんやないかって言われています。だって自分が小池さんに代わるとは言わずに、むしろ小池さんのやっていることは素晴らしいって褒めていましたから。

坂本　それやったら、ＮＨＫ党の立花と変わらへんやん。

松尾　あそこも無茶苦茶ですね

坂本　第1章でも言ったけど、ポスター掲示板を売ってやるぞと選挙を商売にする。あんなあからさまな選挙ビジネスは見たことがない。そのお陰で供託金を上げろって声が出てきた。そんな声を上げさせるためにやったと思いたくなるえげつなさ。

松尾　あれにはびっくりしました。大金持ちしか選挙に出ることができなくなる。明治時代に逆戻りですよ。

大阪維新の会と吉本興業との関係

坂本　大阪のメディアに関していうと、大阪維新の会と吉本興業の癒着が大きいよね。文春の記事によると、2018年以降、吉本興業は大阪市、府から41億円もの事業を受注している。

松尾　コロナ禍のときに、感染予防のため、大阪のミナミの繁華なエリアへ時短や休業を要請したことがありましたが、そのエリアの南の端は千日前通までで、なんばグランド花月は対象外になっていたこともありました。

坂本　いつから吉本興業はこうなったんやろ？

松尾　安倍と菅の政権になるまでは、そうあからさまではなかったように思いますね。あとは大﨑さんが社長か会長になってからぐっと政治と近くなっていった気がします。

坂本　元凶は島田紳助か？

松尾　元凶かどうかわかりませんが、紳助さんが橋下徹をかわいがっていたのは事実です。もう一人はやしきたかじん。橋下は知事選に出るにあたってこの二人に相談したようです。

坂本　一人は亡くなって、一人は芸能界から消えた。

松尾　紳助さんもたかじんさんもどちらかというと思想的にはリベラルなんです。橋下がおもろいヤツやからって、わっと背中を押した感じでしょうね。橋下もリベラルやったと思います。それで大阪維新の会になりました。

坂本　橋下はリベラルか？　右っぽいけど。

松尾　もともとはリベラルだと思います。ただ右のふりをしているほうが儲かると思ったんやないでしょうか。自民党に近づけるし。そういえば一時は石原慎太郎とも一緒にやっていましたよね。

坂本　なんかの利権か思惑が合うたんやろな。それが壊れたら二人の仲も終わってしまう。でも、昔の吉本興業と今ではまったくイメージが違うよな。

松尾　いや、今でも間寛平さんとか、オール巨人さんとか、西川のりおさんとか、べテランの方たちはみんなまともな芸人感覚を持っていらっしゃいます。でもそういう方たちはコメンテーターに起用されない。テレビ局に押し込むのは一部の芸人。千原せいじやほんこんや小薮やたむけんやケンドーコバヤシ……。つまり大阪維新の会の肩を持つことに何の抵抗感もない人たち。吉本興業のランクでいうと中間層にいる芸人を、政治的にコメンテーターとして送り込むわけですよ。

坂本　その最たるもんがダウンタウンってわけやね。

松尾　いえ、あの二人はもうトップ層ですが……。あとハイヒールですかね。

坂本　テレビ局も断ったらええのに。

松尾　それは難しいでしょうね。吉本興業の意向には逆らえないでしょう。

坂本　けどあの大﨑ってやつは機を見るに敏なヤツやな。うまいこと吉本興業を抜けて、万博協会か何かに入って、松本人志問題からすっと逃げよった。

松尾　いろいろな意味ですごいですよ。

無駄という名目の文化破壊

松尾　坂本社長は政治がビジネス化しているとおっしゃったけど、大阪維新の会は、無駄を省くという名目で福祉や芸術や芸能をどんどん切り捨てています。

坂本　政治をせんと金儲けに一生懸命で、何が市民や国民の幸せなのかを考えてない。

松尾　本当に一時的にというか、一時限的にしか物を見ていないですよ。その影響で何が起こるか、なくなったらどうなるのか、二つぐらい先はもう見えなくなっています。そんなことやから、文化的に意義の大きかった府立の国際児童文学館や青少年会館などを次々と閉鎖するんです。市民が利用している温水プールやスポーツセンター、老人福祉センターなどの削減計画も平気で出してくるし……。

坂本　無料やった敬老パスは有料にしよった。

松尾　市の楽団をバッサリ廃止したり、世界的な指揮者・故朝比奈隆氏が結成し、半世紀以上指揮してきた大阪フィルハーモニー交響楽団や人間国宝を抱えた文楽協会への補助金も25%カットでしょ。

坂本　橋下は全額カットを狙っていたんや。

松尾　節約したと言って胸を張っているわけでしょ。学習センターや音楽、文楽があるおかげで市民生活にどれだけの豊かさがもたらされているか、なくなったことでこれから大阪の文化にどのようなことが起こるのか、わからないんです。

坂本　それは無理やな、だって吉村くんは難波宮跡を見て空き地や言うてんから。

松尾　史跡です、あそこは（笑）。

坂本　橋下は知事になったとき、大阪府は破産会社だって大うそっぱちをでっちあげて府民の気を引いた。

松尾　夕張市を例に出して、同じだって言いました。そのあたりの目くらまし的なあざとさだけは天下一品です。

坂本　そして「『大阪維新』プログラム（案）」を発表して、公務員の人件費削減をはじめ、私学助成の大幅削減、高齢者・乳幼児・障害者・ひとり親の4医療費助成の削減、市町村補助金のカットを打ち出した。府民の反対署名が300万人を超えるほどのあくどいことを進めたお陰で、その後何が起こったかというと、コロナ禍における死者数全国ワースト１につながった。

松尾　それと文楽の義太夫の竹本住太夫という師匠を引っ張り出してきて、補助金の審査という名目で公開処刑みたいなことをして、文楽の金はカットするぞみたいに脅しました。

　橋下は集客が悪いことを理由にあげていましたが、客が来ないのは魅力的な番組を組んでいなかったからです。これには理由があって、文楽協会へ天下っている元役員や、あるいは出向してきた役人らに企画力がないだけのことなんです。つまり、お客さんを増やすという点でいえば、本当に文楽を愛している人たちがやればもっといい番組が組めて、お客さんは入ったと思う。それが証拠に東京の国立劇場でやっていた文楽はいつも満席です。

　大阪の文楽劇場が満席にならないのは、劇場の大きさもありますが、出向している人が適当にやって、時間になったらさっさと帰っていくみたいな仕事をやっているからですよ。それなのに客が集まらないことを文楽の人たちのせいにして、人間国宝の住太夫師匠をつるし上げる。そしてその映像を象徴的にメディアで流させることで橋下は仕事をしている、いや仕事をしているふりを見せつけたんです。一方の住太夫師匠は、血圧は上がるわ、脳梗塞になるわ、引退せざるを得なくなりました。

坂本 橋下は楽団を廃止したとき、音楽技術がすばらしいなら、しっかりと営業すべきだと言うたヤツやから。文化を滅ぼすって言えば、咲洲庁舎の下の駐車場に海外の美術品を放りっぱなしやった。

松尾 あれもひどい話ですよね。美術館の美術品は府市民の宝ですよ。

坂本 しまいにはその芸術作品にカビ生えてきたんやろ。なんちゅうことをしてくれてんねん。僕が修復したろかな。

松尾 昔、スペインでありましたよね。聖母マリアを描いた『無原罪の御宿り』を修復したら、見るも無惨にも漫画のようになってしまったって事件が。ただそのおかげで観光地としてえらい盛り上がったらしいですよ。訪れる人がぐっと増えたそうです。ものすごい辺鄙なところやのに、みんなわざわざ来てくれるようになったそうです。

坂本 それええやん。ジミー大西画伯に修復させたらええねん。

松尾　そのくせ大阪万博の便所には2億円。

坂本　大屋根リングは350億円や。それは建てるだけの金額で解体費用は別にかかるかもしれん。

松尾　これは芸術だ、みたいなことを言ってるわけでしょ。

坂本　どの口が言うとんねんってことやね。

第4章

万博の向こうに見える悲劇

夢洲はいつから北朝鮮になったのか

松尾　そうこうしているうちに、いよいよ大阪・関西万博も開催が迫ってきました。

坂本　予算は膨れる、メタンガスは爆発する、きな臭い話題は満載のままね。

松尾　あのガス爆発もひどいですよね。情報の開示も含めて。

坂本　あの爆発は起こるべくして起こったと思うよね。だってゴミで埋めたてた土地。メタンガスが出えへんほうがおかしい。

　万博協会の発表を聞いた？　「メタンガス・イコール・危険」という図式は払拭したって。何いうてんねん。メタンって危険以外の何ものでもないよ。「うんこ・イコール・臭くない」と言ってるのと一緒やん。

松尾　ハハハ……、相変わらず例えがお上手で（笑）。

坂本　払拭したって万博協会が言うても臭いがな。ほんのり臭うわ。硫化水素が沸いてるからやっぱり臭いねん。

松尾　坂本社長は現地へ行かれました？

坂本　何度も行ってるよ。温度計を持っていって計ったり、それをＳＮＳにアップしたり。

松尾　いろんなことしてはるんですね。

坂本　夏に行ったけどめちゃくちゃ暑いやん。あそこで計ったら40度なんか軽く超える。遮るもんがない。海沿いやから湿気も多い。工事してはる人は大変やで。

松尾　そうですよね。それでなくても納期が間に合わないって工事をせかされているんでしょ。それにこの炎天下の作業。それにいつ爆発するかわからないという危険と隣り合わせ。

坂本　爆発に関して言えば、まずは消防への通報が遅すぎる。あのときの通報は爆発してから5時間後。もうその時点で万博協会は消防法違反。何よりまずは通報して、人命を優先するのが普通の神経の持ち主のやることや。

松尾　公表も遅かったですよね。

坂本　物的被害は「コンクリート床と床点検口の破損」という説明やった。

松尾　爆発後の屋内の状況がわかる写真も当初1枚だけ公開されましたが、床の破損箇所が見切れているなど、大事なところを隠そうとする意図が見え見えでした。

坂本　公表も遅いし、しかも状況写真は1枚だけ。メディアが現地取材できたのも3か月先やった。

松尾　情報の開示についてもおかしなことを言うてましたね。市の情報公開条例などの規定を挙げて、法人などの権利や競争上の地位、正当な利益を害する恐れがある情報は開示できないとかなんとか。利害とかを言う前に施工業者の命をなぜ考えないのでしょう?

坂本　隠したい不都合なことがあると見るのが普通やわな。同時にマスコミも閉め出す。ネガティブなことを写真に撮ったり、取材したりすると、そのメディアを叩く。

松尾　工事見学ツアーを実施したときは、参加者のスマホをスタッフが預かって撮影したそうですよ。

坂本　しかも、写真は許された場所での記念写真1枚だけ。夢洲はいつから北朝鮮になったんやと言いたいわ。

松尾　スマホを預かるという時点で、撮られたらまずいことがあることを大声で言っているようなものですよね。

国際花と緑の博覧会と大阪万博の違い

坂本　もともと僕は、どうせ万博をやるんやったら、夢洲みたいな不便で整備に金がかかるところより吹田あたりでやったらええと思ってた。場所はあるし、足もある。そのあたりの再開発にもつながる。

松尾　なんで夢洲にこだわるんでしょうね？

坂本　そら、そこでしたい何かがあるんやろうな。

松尾　作年の1月に能登で大きな地震があったやないですか。甚大な被害が出て、1年経った時点でも復興は道半ば。能登でこそ万博をするべきという声もありますよね。

坂本　僕もずっと輪島で開催しろって言うてきた。空港もある。金沢までは新幹線も通ってる。それより何より会場づくりが復興につながるからな。残ったパビリオンは輪島の朝市に活用できる。

松尾　本当ですよね。大阪維新の会も思い切って能登へ変更したら、支持率も再び上昇したと思うんですが。

坂本　誰が考えてもそうやんな。でもできない理由は、能登ではお友だち企業においしい目をさせることができへんからやろな。

松尾　だって夢洲にこだわらなければ、土壌整備の必要はなくなるし、爆発の心配もなくなる。いいことづくめですよ。

坂本　建設会場へ行ったらわかるけれど駐車場が遠いところにある。会場まで歩いて30分ほどかかるやろな。雨の日は大変やで。

松尾　工事をしていらっしゃる施工業者さんの駐車場も離れているんですかね？

坂本　可哀想なんは食堂が離れていることや。歩いて30分かかる。行って帰ってくるだけで休憩時間が終わってしまう。

松尾　それはひどい。

坂本　だから腐臭がただよい、爆発の心配のある現場で弁当を食べることになる。

松尾　施工業者さんの労働環境をなんとかして改善せなあきません。

坂本　昔、国際花と緑の博覧会があったやろ。

松尾　１９９０年ですか、開催は。

坂本　あのときはこれほどひどいもんやなかった。実は会場となった鶴見緑地公園は、もともとゴミ捨て場やった。でもメタンなどの調査をずっと続けてて、最後にメタンを確認してから17年経っているからもう安全やろうということであの会場になった。今でもまだガスが出ているのに開催しようとしている大阪万博と意識がまったく違う。

松尾　けが人が出なかったのが不幸中の幸いという大惨事やのに、吉村は記者会見で「ガスが出てることはわかっていました」って言ったんですよ。

坂本　わかってたんやったら、ちゃんと安全対策をやれっていう話やん。爆発現場の画像も被害が少なく見えるアングルのものだけをマスコミに流したり、被害の全容がわかる画像は隠したり、工事見学ツアーへ招いた人のスマホを預かって、好き勝手に撮影できへんようにしたり、姑息なことばかりをしよる。

松尾　その一方で小学生に来るようにと市町村へ働きかけをしています。交野市の市長は保護者側に交通費が生じることや児童の安全確保が不確かだとして反対しました。立派だと思います。

坂本　小学生招待に関するアンケートを実施して、回答のあった学校の75％が来場を希望しているって偉そうに発表していたけど、あのアンケートには「希望しない」という選択肢がなかった。それで交野市市長がおかしいと声を上げたんや。

松尾　イエスしか選択肢がなかったらアンケートにならないやないですか。

30年で5メートルも沈んだ地盤

坂本　やってることを見てると、人の命なんかどうでもよくて、なりふりかまわずというか、何が何でも開催するんやみたいな怖さがあるよね。

松尾　吉村の発言もそうですよ。「ガスが出てることはわかっていました」という発言もそうですけど、テレビ朝日の『羽鳥慎一モーニングショー』のコメンテーター玉川徹さんの件もそう。

玉川さんは大阪万博に数々の苦言を呈していました。それを苦々しく思っていた吉村は大阪維新の会の党員向けの集会で、批判的な玉川さんの万博会場への出入りを禁止すると発言。しかし、それが問題視されると、私にはそんな権限はありませんってごまかす。

坂本　大阪府知事は協会の副会長やから出禁にすることはできる。だから入れたらへんっていう言葉が出る。それで出禁発言を叩かれたら掌を返したようにうそでごまかしよる。

松尾　その後、吉村が『羽鳥慎一モーニングショー』に出演したやないですか？　そのとき玉川さんに大阪万博とＩＲの関係について問われると、ちょっと絶句してから「大阪万博とＩＲは関係ありません」って言ったんですよ。どの口が言うてんねんってびっくりしました。

坂本　『維新断罪』でも書いたけど、もともとは2025年に都構想と大阪万博とカジノを同時にやり遂げるという計画やった。それがどんどん失敗を重ねている。
そもそも論で言えば、大阪万博とカジノは一緒にするから民間資本の投資が得られる計算やったのに、開催もバラバラになってしまった。大阪万博は2025年に開催することになったし、カジノは最短でも2030年の開業や。一石二鳥の投資効果を謳って進めてきたのにそれができへんようになると「大阪万博とＩＲとは関係ありません」って平気で口にする。もう恐ろしいうそつきやね。

松尾　吉村がテレビでそう言ったとき、まばたきが異常に増えたって話題になりました。

坂本　空飛ぶクルマをぶちあげていただけあって、自分が空を飛ぶんちゃうのかなというくらいのまばたきやった（笑）。

松尾　それは羽ばたきでしょ（笑）。

坂本　万博を中止したときの違約金が2024年4月13日を節目に350億円から844億円に値上がりした。僕はその値上がり直前に中止する可能性もあると思っていたんやけど。

松尾　どうしてですか？

坂本　まずひとつ目は、あそこの地盤はどんどん沈んでるし。

松尾　まだ沈んでいるんですか？

坂本　まだも何も、これまでの30年間で5メートル沈んだと言われる軟弱地盤なんや。せやから大型の建物を建てようと思ったら、本来なら80メートルもの杭を打たなあかん。それが1本８０００万円とも1億円とも言われている。1万本打ったら1兆円や。

松尾　それだけの杭を打った様子はないから、今後も沈むということですな。

坂本　そう思うと、大屋根リングをレガシーとして保存しないことも、パビリオンがどんどんしょぼくなってきていることもうなずけるよね。

松尾　永久に活用することは難しいから、プレハブみたいなものでいいでしょうと。

坂本　もともと海外パビリオンは、参加国が自前で建てる「タイプA」と、協会が建物を用意する「タイプB」と「タイプC」の３種類があった。当初は60か国が「タイプA」での出展を予定していた。

松尾　「タイプA」というのは、各国がテーマに応じてデザインする、いわゆる「万博の華」と呼ばれるものですね。

坂本　でもや、資材価格の高騰や人手不足が原因で参加国の施工業者探しが難航した。そこで協会は切り札やと言うて、２０２３年8月に「タイプX」というものを突然に言いだした。まさしくプレハブ。このプレハブ建設を請け負う企業が大和ハウス。これも最近の大阪維新の会のお友だち企業の1社や。

松尾　そんなんばかりですね。

坂本　コネクティングルームで有名になった和泉洋人というおっさんがおるやろ。

松尾　安倍首相の補佐官で、出張のときは当時の厚労省の大坪寛子官房審議官とホテルの隣同士の行き来できる「コネクティングルーム」を利用していたことが問題になった、あのおっさんですね。

坂本　あれは大和ハウスの特別顧問をしてたからな。

松尾　ほんまにそんなんばっかりですね。

坂本　「タイプX」をぶちあげたときに、協会は大和ハウスに24棟ほど発注した。でも人気がないから利用する国は３か国くらい。しかたなしに協会は不要な分をキャンセルした。もちろんキャンセル料はちゃんと払った。

松尾　払ったって、そのキャンセル料は大和ハウスへ？

坂本　そう。何かおかしいなと思ったから建物の坪単価を調べてみた。２５０万円もするんや。通常のプレハブの10倍。そこでなるほどと合点がいった。

松尾　何がですか？

坂本　キャンセル料が1割とする。そこの坪単価が通常の10倍。ということはその1割のキャンセル料は、実は普通の坪単価の値段と同じということになる。

松尾　えええ！　もう初めからぼったくりですやん。

坂本　そう、だからさっき中止の可能性があると思ったって言うたんや。ふたつ目の理由は中止になったとしても、大阪維新の会のお友だち企業は損はせえへんと思ったからなんや。

変化していくIRと、その不安

松尾　そんな沈みゆく土地で、５年後にＩＲはできるんですかね？

坂本　ＩＲはいろいろ事情が変わってきてるよね。統合型リゾートというてるけど大規模なものは無理違うかな。たぶん、プレハブ程度のもんになるんやないかな。

松尾　トーンダウンしていくと？

坂本　せざるを得ないっていうのが本音やろね。たとえば、大谷選手の通訳やった水原一平の事件でも明らかになったように、もうどこかへ行って博打をするという時代ではない。インターネットでやる時代に確実に移っている。

松尾　一定のギャンブル人口があるとして、その昔は競馬場や競艇場やパチンコ店へ足を運んでいたけれど、今は自宅や仕事の合間にネットで賭け事をする人口が増えたってことですよね。

坂本　だから建物はそんな立派なもんでなくてええわけ。コンテナハウスでもええぐらい。要はオリックスやアメリカの企業がカジノをする権利を得たいだけの話。建物なんかどうでもええねんて。

むしろ、大阪のカジノの恐ろしいところは、胴元がその場で金を貸せること。しかもその借金の債券を売れるという恐ろしい図式や。

松尾　パチンコ屋の前でね、しょんぼりした奥さんが出てくるとね、ちょっと取り返しませんか、すぐ用立てますよって言うて金貸しが声かけてくるような、あれやないですか。あれと同じことをやろうとしているってことですね。

坂本　そんなことができる恐ろしい図式やねん。クレジットカードでパチンコするようなもんや。でもパチンコの場合は朝から晩まで負け続けて、一発も入らんかったとしても負けは30万円ぐらいまで。ハード的な制限があるから、それ以上負けはしない。

松尾　昔、アメリカのカジノで遊ぶ人は、自分の泊まっているホテルの下ではやらなかったんですってね。隣とか、そのもっと隣とかでする。

坂本　負けても金を取りに戻れないように別のホテルですると。

松尾　昔からのちょっとした作法みたいなものらしいですけど。今はもちろんお金を引き出せるでしょうけど。

あとね、ギャンブラーの心理としてここで負けたら河岸《かし》を変えて別のところへ移動するというのもあるんですが、夢洲の場合は1か所だけです。ラスベガスでもマカオでも河岸を変えることができるのに夢洲はそれすらできません。

坂本 せやから、ほんまにギャンブルを楽しむ人は海外から来るわけがない。そんな子どもでもわかるよね。

松尾 外国から人が来てくれるわけもなく、結局日本人が胴元にお金を吸い取られてそれで終わりになるっていう。悲しいですね。それでも大阪維新の会はやる気満々です。

坂本 あれだけ沈みゆく土地で、土壌改良にも金がかかるのに、松井たちがえらい強気なんは勝算があると見込んでいるからやろ。マネーロンダリングが緩いんちゃうかな。

松尾 アメリカではマネーロンダリングがすごく厳しくなって、誰がいくら持ってきて、最後いくら持って帰ったかがきっちりわかる。そのため訪れる人がぐっと減って、ラスベガスは寂れてきてると言われていますよね。

坂本　要は大阪が犯罪者の集まってくる場所になってしまう。オレオレ詐欺で1000万円稼いだやつがその全額をチップに変えて、10万円ほど遊んで、また現金に戻して帰るという。その管理を徹底したからラスベガスは衰退していってんけど、大阪の場合はその管理を緩めて、犯罪者に来てもらおうとしてるとしか考えられへん。でないとあんなに自信満々になられへん。ラスベガスの現状を知らんわけがない。

松尾　ラスベガスは苦肉の策で野球を呼んで人を集めようとしています。

坂本　コンベンションセンターとか建てて文化と情報の拠点にすると言うてたけど、おそらくしょぼいもんになるやろうな。劇場も体のいいなんばグランド花月みたいになるんとちゃうか。

ネットカジノの足がかり?

松尾　沈んでもいいようなプレハブみたいな建物でごまかして、形だけ作っておいて、たとえ沈んでも、あとはネットカジノでやっていくって方向に変わりつつあるということですかね?

坂本　ネットカジノでも寺銭《てらせん》は必ず落ちるわけやから。いろんなものを賭けれらまっせと煽って、寺銭だけ稼げればええという考えやろ。

松尾　ネットカジノならわざわざそこまで行かなくてもいい。

坂本　せやから、夢洲みたいな土壌が軟弱なところでもええわけよ。

松尾　とりあえず作ることが最優先で、どんなちゃちいものでもそこを一つの拠点にして、それでネットカジノの権利を買い取るための足がかりにするってことなんですかね?

坂本　博打はインターネットの世界のものになろうとしているわけやけど、インターネットといえども許可なしで行えば捕まる。

松尾　大阪維新の会の連中は口が裂けても言わないだろうけど、人に来てもらわなくてもかまわないと思っているんですか？　となると、万博をネットカジノの第一歩にしようという狙いも見えてきますね。

坂本　そう思うわな。

松尾　ネットカジノも儲かりますよね。その税金は大阪に入るんですかね？

坂本　どこに入るかどうかもわからへんねん。それはどこにも、何も書いてへんから。

松尾　じゃあ大阪維新の会が言う経済効果はどんなことなんですか？

坂本　法人税が入るとか、賃料が入ってくるとか言うわけよ。その賃料の裁定もおかしい。

松尾　経済効果が高いからＩＲをしましょうっていうのが、大阪維新の会の大前提ですよね。

坂本　ありもしない経済効果をはじき出して動かそうとするのが大阪維新の会の一番の得意技。もともとは万博とセットでやるから費用も抑えて効率的にできるって話やったし。

松尾　そうでした。万博はパブリックな取り組みやから、そこで国の予算を使って道を造ったり、地下鉄を走らせたりして整備して、これは他にも何かに使えますよね、何に使いましょう、カジノに使えます、ＩＲにもできます、こんな一石何鳥もの計画はありませんってことでした。それなのに最近はＩＲのための万博ではありません、関係ありませんって言い張っているんですよ。

坂本　つまりネットカジノの発展で、カジノには巨大な場所も建物もいらなくなったわけや。最初は京阪電鉄も線路を伸ばして、他の鉄道も３本ほど入る予定やったけど、ほんまに線路を敷いたら空気を乗せて走らせる結果になる。

松尾　京阪電鉄は降りましたね。

坂本　ネットカジノをやる連中に必要なのは通信インフラであって、交通インフラやないからね。来るのはマネーロンダリングが目当ての犯罪者だけ。つまり、夢洲はヴァージン諸島みたいな場所になる可能性があるということ。

松尾　ヴァージン諸島？

坂本　ヴァージン諸島には世界中の名だたる企業の本社がある。ヴァージン諸島にある本社の土地を畳１枚分としただけでも、ヴァージン諸島からはみ出すと言われているくらいの数。

松尾　登記上、ヴァージン諸島にあるだけですね。

坂本　体のいい脱税や。そんな企業が集まる。夢洲もそれと同じ。金を洗いに来た犯罪者の場所になる。

松尾　一般の人が来なければ賑わいは生まれません。波及する経済効果もないでしょう。しかしネットカジノの寺銭を目当てに開業する。その利益は誰のために使うのかわからない。とんでもないことですよね。

坂本　これで大阪府民や日本国民もなんで怒らへんのか、それも不思議や。ただ、そうは言うても、さすがに大阪維新の会も陰りが見えてきたけどな。

第5章

維新のほころび、そして落日へ

選挙結果に現れる維新の衰退

松尾　維新政治のほころびがどんどん出てきて、最近の選挙ではかつての勢いが感じられません。思わぬところで負けています。

坂本　負けっぷりがいいよね。象徴的なのが２０２４年の、幹事長の藤田の地元での大東市長選挙。

松尾　12年振りか、何年振りかの新顔同士の対決でした。

坂本　新顔同士の戦いやったら圧倒的に維新が有利。これまで現職をことごとく葬って打ち勝ってきたからね。それに幹事長のお膝元。負けるわけにはいかん。藤田はもちろん、吉村も横山も現地入りした。いわば総力戦。

松尾　それが負けました。衝撃でした。箕面市の市長選挙の場合も現職にもかかわらず負けました。ダブルスコアの惨敗といってもいい結果。

坂本　河内長野市の府議の補欠選挙も一緒や。

松尾　あそこは吉村の地元です。

坂本　箕面と河内長野での選挙の負けが、大阪維新の会の衰退を象徴している。大阪の人もいつまでも甘い顔はしてられへんということやな。

松尾　同じように自民党も２０２４年の総選挙では歴史的大敗。裏金問題以降負け続けているやないですか。

坂本　処分する、処分すると言って、トカゲの尻尾切りのような対応しかせえへんかったら国民は怒るわ、そら。それに今回は税金が絡んでいる。

企業に勤めている人はわからんかもしらんけど、税務署の取り立てはエグいで。ほんまにケツの毛までむしり取っていきよる。景気が悪くなって利益も上がらへんのに、税金だけはきっちりもっていきよる。サラリーマンもなんやかんや知らん間にけっこうな額をひかれているんやで。

松尾　大阪維新の会や自民党の選挙結果を見ていると、本人たちは気づいていないけど、積もりに積もった驕りのようなものがあちらこちらから漏れてきて、国民にバレ始めているように思います。

類は友を呼ぶ？　そんな維新の政治家

坂本　この本の冒頭でも話題にしたけど、再選してしまった兵庫県知事の斎藤。メディアやネットのせいで、実はええ人、実は孤高の政治家みたいにごまかされたけど、あいつほど自分が王様になったと勘違いした輩もめずらしい。持っている権力を全部振り回した。振り回しすぎて自分に当たったんが斎藤や。

松尾　うまい！　でも今回の選挙でそんなことも霞んでしまいました。

坂本　みんなに思い出してほしいのは、当初、斎藤は維新の推薦を受けて知事になったということ。知事就任後の予算で削った補助金は防災や福祉関係が多かった。その一方で、大阪万博や淡路島のパソナ関連、つまり自分の親分である大阪府知事やお友だち企業への奉仕は厭わない。

松尾　阪神タイガースとオリックス・バファローズの優勝パレードもそんな感じでしたね。あの最初の名称、覚えていますか？　パレードの名前があざといんですよ。「兵庫・大阪連携『阪神タイガース、オリックス・バファローズ優勝記念パレード』～２０２５年大阪・関西万博５００日前！～」。「万博」ときっちり入れてきた。

坂本　状況がおかしなるとタイトルをしらっと変えよる。「阪神タイガース、オリックス・バファローズ優勝記念パレード」に。

松尾　クラウドファンディングがうまくいかないから補助金を出して寄付させたってことがあったやないですか？

坂本　兵庫県のパレードには信用金庫が何行も寄付している。協力してくれた所には補助金は出す予定やったらしい。問題はそれを水増しして出したことや。

松尾　あと、自分の政治資金パーティーの券も補助金の減額をちらつかせて関係団体に買わせていたという疑惑もあるでしょ。

坂本　自分を殿様かなんかと思っているねんな。

松尾　それで集まらなければ職員を罵倒したり、無理難題を押しつける。職員も二人自殺していますし。

坂本　さっきも言ったけど、死人が出てることをなんとも思わへんのが維新政治。人の命どころか、痛みにすら気がつけへん。だって役所に勤め上げて、普通やったら退職金を2000万円か3000万円もらえるのを一瞬にしてつぶすわけやろ。特に斎藤の場合は、問題が発覚する前はまさに恐怖政治。公開処刑するようにギロチン台へ首を出させてやっちまう。

松尾　なんていうんですかね、公益目的で内部告発した職員を保護する法律があるのに、まったくそれを無視して、副知事が公用パソコンだけではなくて、私物のUSBも押収したらしいやないですか。そこに入っている情報を県職員や県議員に見せる。逆らったら全部バラすぞって脅す。人事でも報復する。なり振り構わない極悪非道さ。

坂本　兵庫県では公益通報するのに、上司の決裁がいるらしいで。

松尾　今からあなたの悪事を公開しますけどよろしいですか。判子ついてくださいというアホみたいなルールですよ。

坂本　人が死ぬことを何とも思わん政治って、一番あかん政治やと僕は思っている。

松尾　昔から死者を数字で数えるところには悲劇が起こるって言います。

坂本　そのとおりやな。

松尾　長崎県でもおかしなことがありましたよね。維新の長崎県総支部が選挙のときに推薦した大石県知事の推薦を取り消したいと維新本部へ上告しました。

坂本　あの大石っていう知事もややこしいよな。長崎県建設業協会に圧力をかけて自分の後援会の会員を集めようとしたり、２０００万円もの二重計上疑惑が起こったり。前のほうでも言ったけど、都知事の小池が疑惑のデパートやったら、維新は疑惑のコンビニ。お気軽に犯罪を起こしよる。

松尾　だから、斎藤知事なんかが生まれるんでしょうな。

坂本　昔からのええ言葉がある。類は友を呼ぶって。

知事の椅子にしがみつく理由

松尾　でも斎藤ってどうしてあれだけねばったんでしょう?　逆風が追い風に変わる絵を描いていたとは思えません。

坂本　最近の知事っていうのは役所の天下り先になってる。

松尾　どういうことですか？

坂本　最近の知事で多いのは総務省出身。もしくは国交省。全国の知事の出身を数えてみたらええ。総務省と国交省で半分はいくはずや。

松尾　知りませんでした。

坂本　霞が関なんてピラミッド型組織の最たるもの。てっぺんに行けば行くほど弾きだされる者が出てくるわけよ。その行き先を見つけてあげなあかん。役所のトップと知事って、確か年収は同じような額のはず。弾かれるぐらいやったら知事のほうが見栄えはええ。斎藤が最初頑張ったのは知事の椅子を国交省に取られんためと思うよ。

松尾　全国知事会っていうのは、つまり天下りの集まりということですね。

坂本　同じことが言えるのが東京都知事の小池。各区長を見てみぃなぁ、小池のお気に入りの職員の天下り先になっている。

松尾　首相になって国を動かすことはもうできないから、東京の区長のてっぺんになって東京都を思うままに動かそうとする。

坂本　小池らしい汚いやり方や。

松尾　小池って三井不動産とズブズブやないですか？　時代劇で「越後屋、その方も悪よのう」ってシーンがあるでしょ。その越後屋ってもともと三井越後屋だったんですってね。

坂本　小池の場合はほころびが見え始めたというのでなく、疑惑があからさまになっているのに、あの手この手で、広告代理店を使って知事の椅子に座っている。

松尾　Ｘか何かに小池百合子の「７つの疑惑」というのを誰かがまとめていて……。

坂本　公約に掲げてた「７つのゼロ」やないんやな（笑）。

松尾　「７つのなかったこと」と言い換えている人もいましたけどね（笑）。カイロ大学学歴詐称問題から、三井不動産との神宮外苑開発とか、ひとつでも重大なことやのに、疑惑に何ひとつ答えることをしないで、広告代理店やメディアを操作して都知事に再選してしまう。政治家というより、ただの権力者ですよ。

坂本　あくどい中小企業の社長のようなもの。大手にはへいこらするくせに、社員や下請けには尊大でふんぞり返る。自分のことが一番で、社員やその家族のことはどうなっても関係ない。

松尾　小池も斎藤の場合と同じで知事の椅子は何がなんでも奪われたらいけない。小池の場合は知事という権力が奪われると数々の疑惑を一気に追及される。

坂本　都知事である限り、警視長の親分やからね。それにしても小池も都民を舐めてるよ。議会の態度を見てたら、何の説明責任も果たしていない。答弁しない。答弁をはぐらかす。これは安倍晋三がやりだしてすっかり定着した悪しき態度。

松尾　話の論点をずらすって、これは維新のお家芸でもあります。

坂本　斎藤もそう。職員の自殺が報道された後、気骨のある記者が「職員の方が死をもって抗議するという遺書を残されていましたが、この抗議は何に対する抗議だと認識なさいますか」って聞いたら、ご冥福を祈りますとか、精神的なケアをしようと思っていた矢先だったとか、これからも責務に努めますとかトンチンカンなことを言うてその場を逃げ切りよる。

松尾　折田楓との関係についてもそう。一切答えないで次の質問へとぬるっとずれていくわけですよ。

坂本　東京都知事選の公開討論のときの小池もそう。蓮舫が小池にパーティー券の購入とかを受けていませんよねって切り込んだら、小池は訳のわからんことを言ってごまかす。石丸が「その質問にはイエスかノーで答えるこができるからイエスかノーで答えてください」って言っても同じような発言を繰り返す。

松尾　小池に投票した人は、これで会話が成り立っているって思っていたんでしょうかね。

坂本　東京都民はもう少し賢いと思っていたけどな。

維新の凋落とテレビを見ない若者との関係性

松尾　斎藤知事の話から小池都知事の話になりましたが、大阪維新の会へ話を戻しますと、ここ最近の選挙の負け方は市民が気づきだしたということでいいですか？

坂本　何度も言うてきたけど、大阪維新の会は基礎票の２割へ向けて政治をしている。

でも2割だったら危ないところがあるので、できそうもないこと、聞こえのええことなど散々うそをついて1割ほど足してきた。

松尾　空飛ぶクルマだ、イソジンだ、大阪ワクチンだ！

坂本　3割あったら勝てる。それがこの1年、その1割が足せんようになってきた。大東市長選挙は同時に市議会議員の選挙もやっていた。その議席はいくらか増えたみたいや。でも投票率そのものは減っている。奇妙なことに、市長の維新候補に入れた投票数と市議会議員選挙の維新候補に入れた投票総数がほぼ一緒やったらしい。要はうそを言っても釣られる票がなくなってきたってことやと思うよ。

松尾　やはり底が知れてきたというか、みんなが気づき始めたということですね。理由はやはり大阪万博に多額の税金が使われてきたとか、維新議員の不祥事が多いからですかね。

坂本　それもあるやろな。

松尾　それにしても大阪維新の会は関西のメディアを抑え込んでいます。恫喝に近いようなことをして圧力をかけてきました。

坂本　自民党もそうやし、都知事の小池もそうやな。

松尾　なぜ風向きが変わってきたのでしょうか？

坂本　僕が面白い現象やと思うのはインターネット。近頃の人はテレビを見なくなった。特にそれは都会に顕著な傾向で、若い人はもちろん、おっちゃんやおばちゃんのテレビ離れが進んでいるらしい。ＮＨＫ以外はどのチャンネルを回しても同じような番組ばかりやから、それやったらユーチューブを見よかとなるわな。

松尾　維新はある意味、都心政党ですから。

坂本　インターネットを見ていたらわかるけど、維新の悪口が多い。

松尾　もう坂本社長の専売特許やないんですね。

坂本　そう、出てくるわ、出てくるわ。

松尾　僕も『維新ペディア』とかいうサイトを見るのですが、それはウィキペディアのように維新のこと、主に不祥事を網羅しています。面白いのはそのトップページにお詫びのような一文が掲載されていて、「最近の維新はすごすぎて、全く記事化が追いついていません。ですが……（中略）……気長くご愛顧のほどお願い致します」。

それぐらい不祥事に事欠かないのが維新です。

坂本　あと、維新の悪口を書いたり、アップすると再生回数が稼げると分析したヤツもいる。確かに僕がXに書いた維新の悪口が、あるときなんか閲覧数が200万を超えた。

松尾　誰かがリポストして、それをまた誰かがリポストしてって感じで増えていくのですよ。

坂本　つまりな、維新の悪行を暴いたら閲覧数や再生回数が稼げるとわかったヤツらがアップし始めたわけよ。

松尾　インターネットですか。いくら大阪維新の会でもインターネットまでは抑え込むことはできませんね。

インターネットは善へ転ぶか、悪へ転ぶか？

松尾　東京都知事選や兵庫県知事選の例を持ち出すまでもなく、これからは選挙結果を大きく左右するのがインターネットの活用だと思いますね。

坂本　石丸が証明したよ。ユーチューバーが選挙をするとああなるってこと。中身が空っぽでも票は伸ばせること。

松尾　しかし中身が空っぽでもインターネットをうまく使えば票が取れるとか、オールドメディア対ネットという構図を作って、それまで叩かれまくっていた者が実は「いい人」になっていくとか、冷静に考えると、いいことなのか恐ろしいことなのか……。

坂本　テレビもネットも参考程度やと思わなあかんよ。大切なのは本人の言動。石丸は言うてることが短絡的。何秒かで決めゼリフを言うだけ。できそこないの歌舞伎みたいなもん。行動も短絡的。安芸高田市の市長を辞めてから誰かに誘われたらさっさと都知事に立候補しよる。東京都をどうしたいかという政策はまるでない。

松尾　「政治屋」の一掃って言葉が一人歩きしましたが、一掃ってたくさんあるものを残さず掃き捨てることですよね。東京都知事選に「政治屋」は小池一人しかいません。言葉的にもおかしいんです。「政治屋」を一掃するなら国政選挙で問うべきです。

坂本　誰かに描いてもらった台本をそのまま喋っていることがバレるよね。だって松尾さんが言うように石丸があれだけ票を伸ばしたのはインターネットをうまく活用したからに違いない。その黒幕とも言われる藤川晋之助は石丸の成功で大人気。

松尾　東京都知事選から総選挙、兵庫県知事選と経て、資金があって、腕のよいネット参謀やクリエイターがついたら票につながることがあからさまになってきました。

坂本　みんなつい見てしまうわけ。ちょっとエッジの効いた動画を見せたら「いいね」を押してしまう。そこにエコーチェンバーの効果で同様の動画がどんどん上がってくる。すると知らず知らずのうちに洗脳されていく。その事実に気づかなくてはあかんよ。そこに分断の構造を持ち込まれると応援が熱狂に化けてしまう。

実際、選挙の後半は、街頭演説では政策なんかほとんど言わんで、アホのひとつ覚えみたいにインターネットを見てくださいって動画へ誘導する作戦に出た。

松尾　その「いいね」が票につながったのが、都知事選の特徴だと思いませんか？

坂本　東京にもアホが多いということ。テレビが報道しないからよけいにインターネットに影響されるという現実があらわになった。まあ、大阪維新の会もそうやし、自民党もそうやけど、一番の誤算はネット社会の大きさやろな。

松尾　テレビを見る人の総数がだんだん減ってきて、今までだったらテレビならある程度牛耳れたし、一方通行で情報をばらまくだけだったのが、ネット社会になると双方向性の意味合いも強くなる。ネット信奉者は、肩書きなんか気にしない人が多いのでコントロールも効かない。

一方で面白かったらいいという人も多く、どんどんリポストされて再生回数が増えていく。見ている人の画面には同類の動画がどんどん上がってくる。刷り込まれて、確信となっていく。正直なところ、ネットの有望性というより、恐怖のほうが強いですな。

第6章

維新後の希望をどこに見出すのか

不気味なうねりの正体

坂本　まあ、いずれにせよ、大阪維新の会はもう泥船。大阪万博や斎藤問題でメッキが剥がれてきたというか、もともとメッキすらなかったことが明るみに出てきた。

松尾　坂本社長にとっては、悪口をいう甲斐もなくなってきた感じではありますな。

坂本　いや、言おうと思えばネタは尽きないんやけど、それより重要なのは維新後の大阪をどうしたらええか。

松尾　大阪維新の会から始まった動きが、東京都知事選以降、さらに拍車がかかって、不気味なうねりになっています。この先、どうなるのか？　どうするべきなのか？　気になりますし、考えなければいけないと思います。

坂本　そこでゲストをお呼びしているんや。関西学院大学の法学部の教授で、政治学者でもある冨田宏治先生。

松尾　これは心強い。いろいろお聞きしたいことがあります。冨田先生、はじめまして。よくおいでくださいました。

冨田　お招きいただき、ありがとうございます。

坂本　冨田先生もここ十数年の大阪の衰退を憂いてはって、それだけやなくてあちこちで講演もされているから、僕らのような悪口に終わらず前向きな話をいただけると思う。

松尾　この対談のきっかけになったのは大阪だけやなくて、日本全体、いや、ひょっとしたら世界全体かもしれないのですが、息苦しさのようなものに包まれている気がしていることです。それは何なのか？　打開する方法はあるのか？　そのあたりをお聞かせいただければうれしいです。

冨田　では、まず、兵庫県知事選で起こったことと、そこから見えてきた不気味なうねりの正体についてお話ししましょうか。

松尾　お願いします。

冨田　兵庫県知事選ではさまざまなことが重なって起こりました。

ここまで坂本社長や松尾さんがおっしゃっている、東京都知事選から始まった藤川晋之助流のＳＮＳを駆使した選挙戦略。具体的には、エコーチェンバー効果をねらった X 上の短文ポストとショート動画の組織的拡散ですが、兵庫県知事選の場合は折田楓が中心となって展開されました。
それと立花孝志の乱入とアクセスを稼ぐための悪質なデマ動画。そして、もとからあった自民党や大阪維新の会の組織票、そこに倫理法人会や統一教会が加わりました。だから、ＳＮＳや立花の動きは派手に見えるけど、それだけに目を奪われてはいけません。従来の地道な組織選挙も加わって、斎藤当選という結果になってしまった。もうひとつあるとしたらミソジニー。

松尾　女性蔑視。

坂本　稲村が女性やなかったら結果は違っていたと？

冨田　断言はできませんが、ミソジニーは選挙が後半になるにつれてボディーブローのように効いてきたと思います。東京都知事選の蓮舫もそうだったし、アメリカ大統領選のハリスもそうだった。兵庫知事選の稲村さんもそうです。物を言う女性、かっこいい女性、生意気な女性、そういうのに対する男性中堅層の恨み、つらみ、嫉妬、そういうのがやっぱり最後に効いたことは否めないです。

松尾　根の深い問題です。

冨田　そういったさまざまな要因が偶然に重なって斎藤当選に至ったのだと考えています。

坂本　僕は電通が裏で動いたから、大きなうねりが生まれたんではないかと思っているんですが、その可能性はありませんんか？

冨田　う〜ん、そこは何とも言えませんね。可能性は否定しませんが、斎藤陣営に電通を動かすだけの資金力があったようにも思いません。個別の動きは計画されたものだったと思いますが、それが予期せずして重なって相乗効果を生んだと見たほうが、無理はないと思います。

坂本　折田楓が仕切ったわけではないですよね？

冨田　それはないと思います。彼女はネット戦略をはじめ広報活動全般を手がけたとｎｏｔｅに発表しましたが、一人で選挙運動全体を取り仕切ったわけではないでしょうね。

坂本　なぜ、内幕をｎｏｔｅに発表したと思わはります？

冨田　なぜでしょうね？　選挙のこと、つまり公職選挙法のことを知らずに能天気に発表したのかもしれません。あるいは、当選直後に斎藤陣営が立花と示し合わせてネット選挙をやったような批判が殺到したため、それを否定するため折田を前に出したんではないかといった論評もあります。

いずれ真相は明らかになるのではないでしょうか。

岩盤保守層とネトウヨ

冨田　兵庫県知事選の直前の総選挙（２０２４年10月）で自民党の比例票は１９９１万票から１４５８万票へと票を落としました。５３３万票が離れたことになります。ではその約５００万票はどこに行ったかっていうと、実は決まった行き先はないんですよ。それが不気味なうねりの正体です。

坂本　そういえば立憲民主党は7万票くらいしか増えてへんよ。
冨田　そうです。それから国民民主党は350万票くらい増やしていますが、日本維新の会は300万票くらい失っています。
松尾　つまり、日本維新の会の票が国民民主党に流れたと。
冨田　はい。あと参政党と日本保守党ですが、実は参政党は2022年参議院選挙で、すでに200万票くらい獲得しています。今回は187万票くらいですからむしろ減らしているんですね。
　一方で日本保守党が初めて参入して100万票を獲得しています。つまり自民党が500万票ぐらいを失って、その内の100万票くらいが保守党に流れたとしても、やっぱり400万票ぐらいが行き場を失った状態になっているということです。
坂本　行き場を失った票は安倍信者と違いますか?
冨田　おっしゃるとおりで、安倍元首相に引きつけられていた岩盤保守層と見ていいと思います。実は自民党は本来なら12年ほど前に死んでいました。これを生き延びさせたのが安倍晋三。岩盤保守を取り込んだからですよ。

松尾　なるほど、です。

冨田　安倍が首相になって、それまで1500万票だった自民党票が2000万票になるわけです。安倍政権は500万票くらい増やしたから、ずっと安定して強かったわけです。しかし、安倍元首相が亡くなって、その後、安倍派が裏金問題でぶっ壊れてしまった。岩盤保守層と自民党をつないでいた安倍という接着剤がなくなったので行き場を失った状態です。

坂本　次の行き場を探し始めたというわけですな。

冨田　ええ、この500万票という岩盤保守層は安倍元首相の代わりを探し始めました。まず見つけたのが、東京都知事選における石丸。次が自民党の総裁選のときの高市。次が総選挙のときの玉木。その次が兵庫県知事選の斎藤。さらに名古屋市長選の広沢っていう感じで、維新から流れた岩盤保守層も含めて自分たちの寄る辺を探している状態です。

松尾　数字から見ると一連の動きがよくわかります。

冨田　そして、その岩盤保守層を動かすことに成功したのが藤川晋之助のネット戦略。

藤川の戦略なくしては岩盤保守層も動きようがありませんから。藤川の影響が、7月に石丸、9月に高市、10月に玉木、11月に斎藤にと現れた。次に誰に行くのだろうと思うとすごく心配です。

ここ半年ほどで次々といろんな候補者を盛り上げて、それによって岩盤保守層たちが動かされて、ちょっとしたお祭りになっているんです。まさにお祭り騒ぎという表現がぴったりなんですが、実はこれとっても危険な状況なのです。

坂本　稲村が選挙後、確か「何と戦っているのかわからなかった」といった趣旨の発言をしてたよね。この発言からも不気味やったことがようわかる。

冨田　まさに熱狂。私は総選挙の最終日、東京の渋谷へ玉木の演説を聞きに行きました。その雰囲気はまさに熱狂。玉木！玉木！ってコールが沸き起こる。兵庫県知事選の斎藤の場合も選挙後半には近い状況が起こりました。その状態は非常に不気味。

しかし、よく考えれば12年前の大阪でも起こっていたことなんです。そのときの主人公は橋下徹。

松尾　言われればそうですね。やっぱり大阪維新の会から始まっていたのですね。

坂本　僕が常々言ってきたように、分断を持ち込むのも、ネットの書き込みを利用するのも大阪維新の会が始めたこと。

冨田　もっとも橋下のときはユーチューブもSNSもそれほどではなかったですね。ただ、我々がそういうものを見過ごしてきたことは確かです。

松尾　冨田先生におうかがいしたいのですが、安倍元首相の死によって自民党から溶け落ちた岩盤保守層にはネトウヨも含まれますか？

冨田　岩盤保守層にはネトウヨもいます。宗教右派もいます。その人たちが次の強いリーダーを求めてうろうろさまよっている。そういう不気味なことがこの半年の間に起こっています。

これは藤川晋之助が言っていたことですが、自民党員は、今4割くらいはネトウヨです。そのネトウヨ化した自民党支持層から流れ出した人たちを自分たちが取り込めるのでないかと藤川は計算した。そのやり方を東京都知事選の石丸で試したら、もう見事にそれが当たっちゃったんです。

坂本　救いは勝ったというか、当選したのは斎藤だけということ。

冨田　おっしゃるとおりで、石丸は東京都知事になれなかった。高市も総裁にはなれなかった。玉木は首相を目指しているかどうかさえわからない。うねりは生み出したけれど、結果を出していないところに救いはあります。

ただし、名古屋市長選挙では広沢が当選しているので、斎藤ほど話題になっていないけど、ここでは結果を出している。

坂本　玉木は不倫問題を暴かれたけど、自民党にいいように使われて終わる気がするな。

冨田　玉木の場合は岩盤保守層もあるけれど、日本維新の会の票が流れている。玉木の主張は「手取りを増やす」「若者を潰すな」。その裏には「年寄りを殺せ」って意味合いが含まれています。

要するに、終末期医療を見直せとか、尊厳死を合法化しろなんて言っている。手取りを増やせということと年寄りを殺せということはセットなわけ。そこに溜飲を下げる層や、世代間の分断に喜びを見出す層が動いた。

松尾　その話をお聞きすると日本維新の会の票が、国民民主党に流れたことにも納得がいきます。

ファシスト政党誕生の可能性

松尾　選挙におけるネット戦略はどんどん加速すると考えられます。次の強いリーダーを求めて右往左往する岩盤保守層の動きも気になります。我々はどのような取り組みをすれば、希望を見いだすことができるのでしょうか？

冨田　さきほどの玉木の例ではありませんが、根底にあるのは分断です。坂本社長の意見では大阪維新の会から始まったことになります。加速したのはそうだと思いますが、もっと前には小泉純一郎がいた。郵政民営化と叫んで風を起こし、郵便局が今のままで良いか悪いかに分断をして戦った選挙ですね。

坂本　ええはずないけどね。

冨田　そういう分断を、ネットを使ってアピールすることで、石丸や高市や玉木や斎藤や広沢が、岩盤保守層をうまく取り込んだ。

心配なのは、東京都知事選から兵庫県知事選のわずか半年のあいだにネット戦略がどんどん洗練されて進化していること。さらに危惧されるのが、岩盤保守層が求めている次の強いリーダーの登場です。石丸が新党を結成したり、そこに斎藤新党や日本維新の会が合流しないとも限らない。参政党や保守党も合体するみたいな話になると、非常に怖いです。

坂本　まさに日本におけるファシスト政党の誕生となる。

松尾　その藤川流のネット戦略などに熱狂をする岩盤保守層やネトウヨのエネルギーの根源は、やはりルサンチマンですか？

冨田　「エリート」に対する弱者の恨み、つらみという意味では、そうだと想います。特に石丸になびくのは、斎藤の場合もそうだったと思うのですが、けっこう若い子たちなのです。理由は生活苦です。ただし、最下層の、本当に食いつめた若者が動いているとは想像できません。むしろどっちかというと「勝ち組」の近くにいる若者、あるいは「勝ち組」になりたい上昇志向の強い若者。

会社の中で能力がないと思っていた生意気な女、男でもいいのですが、そいつらが昇進していくのに、俺は何で昇進できないんだっていう不満を持っている若者や中堅層のサラリーマン層、あるいは「勝ち組」指向が強いけれど、思いどおりにいかない、やはり若者や中堅層のサラリーマン層。

そこに「オールドメディアは既得権益者だ。だから、真実はネットにしかない」といった反知性、陰謀論がつけ入りました。そういった層の人たちの現実に対する恨みを晴らす行動のひとつとして、一連の熱狂があると思います。まさしくファシズムの温床です。

松尾 それは昨今のミソジニーとも重なります。

冨田 ただ、兵庫県知事選について、別の見方をすれば、SNS戦略に立花効果が相まってお祭り騒ぎのような様相になり、倫理法人会などの既存の組織も動いたわけですから、稲村和美はよく97万票も取ったともいえます。お世辞にも上手な選挙ではなかったし、稲村陣営のXが二度も凍結されるという選挙妨害のもとで、前回2021年のときの斎藤の対抗馬が得た60万票よりも大きく票を伸ばしています。

松尾　いったい、それはなぜでしょうか？

冨田　斎藤再選に大変な危機感を持った人たちが稲村に投票したからでしょうね。前回の投票率が41％だったのに対して、今回は56％と約15％も投票率を伸ばしました。全部とは言いませんが、危機感を持った人が投票所に足を運んだものと推測できます。

あと、あまり話題にもなりませんでしたが、今回の選挙には、共産党推薦の候補者もいましたが、前回推薦した候補者よりも票を激減させています。半減以下です。共産党の票が「これは一大事」と稲村に流れたものと考えられます。

ですので、まだまだ良識が残っていると考えたいですね。

官製ワーキングプアという問題

松尾　ところで、冨田先生。こういったムードを打ち破るには、どうすればいいと思いますか？

冨田　それは2024年の東京都知事選がヒントになると思います。

坂本　蓮舫が失速して、石丸が登場し、結局小池が勝った。本来の選挙運動から外れてメディアやネットが騒がしくなって、確かに今後を暗示する選挙やったかもしれん。

冨田　私は東京都知事選で蓮舫さんが掲げた政策に注目していました。

松尾　どんな政策でしょう？

冨田　ひとつは都の職員の正規雇用を増やすという政策です。坂本社長も大阪市や府の職員の待遇や雇用についてはいろいろ発言されていますよね。

坂本　大阪の衰退の大きな原因のひとつが正規職員のカットやと思っている。橋下が大阪府知事になって、まず府の職員を仮想敵と見なし、財政悪化や生産性向上なんて理屈をこねくり回して職員をどんどん非正規にしていった。その悪影響がもろにでたのがコロナ禍で、対応する職員の数が絶対的に足りなくなって大阪は死者ワースト1になった。

冨田　この問題はまさに官製ワーキングプアの問題です。地方自治体がどんどん職員を非正規に切り替えていく。その典型が今、坂本社長がおっしゃった大阪です。

坂本　大阪市の区役所の窓口に行くと、もう正規の人はほとんどいてへんよ。

冨田　正規職員を削って、その穴埋めをパソナなどが請け負って、派遣の職員を多くする。一時期はほとんど派遣になってしまいました。最近は若干戻してきています。

松尾　戻ってきた理由が何かあるのですか？

冨田　あまりにも窓口のサービスがひどい状態になって、市民がそのおかしさに気づきだしたこと。坂本社長などその状況を糾弾する人が出てきたこと。さすがに大阪維新の会もまずいと思ったのでしょう。正規職員が若干戻ってきているみたいです。

坂本　しかし、いまだに窓口で対応している人のほとんどは派遣社員。

松尾　窓口が本当は一番重要というか、サービスの質は窓口の対応で大きく変わるのではないでしょうか？

冨田　おっしゃるとおりで、住民票や戸籍の窓口どころか、福祉関係の窓口まで派遣になっているところもあって、大きな問題だと思っています。

坂本　福祉の相談はけっこうプライベートなことを言わなあかんからなぁ。

松尾　その対応が本当に派遣でいいのかっていうことですね。

冨田　一概に派遣だからいけないわけではありません。派遣であっても一生懸命に勤めている方も多くいらっしゃいます。しかし、派遣の問題は別のところにあって、それは中抜きです。

坂本　出た。大阪維新の会といえば中抜きやからな。

冨田　非正規をアレンジするには、当然その間にパソナが入っていたりするのですが、その他にも中抜き会社が何社か入っている可能性もあります。それによって公務の最前線で働いている人たちが、ワーキングプアになっているのです。

松尾　中抜きでもらえるお金が少なくなると働き甲斐というか、やり甲斐も生まれにくくなります。

冨田　公務の現場で派遣が増えると専門性が低下する。賃金が下がる。士気も下がる。すると市民はいいサービスを受けることができなくなる。どんどん悪循環に陥って、その最悪の結果がコロナ禍で数字となって現れました。

坂本　逆に、正規職員に戻して、賃金を適正に払えば、サービスも向上する。

冨田　職員の購買力も上がるので経済も活性化する。ひいては税収も上がる。

松尾　だから派遣を正規雇用に戻すことが重要なのですね。

坂本　まあ、自治体に限らず、世の中全体の派遣を減らして、正社員を増やしていくべきということやね。

公契約条例という希望

冨田　さらに大きな希望は東京都知事選で蓮舫さんが掲げた公契約条例にあると思っています。

松尾　公契約条例？　やさしく解説してください。

冨田　国や地方自治体が民間企業と契約する際に、その企業に対して一定以上の労働条件などを義務づける条例のことです。民間企業の労働条件の改善などを促すことが目的です。蓮舫さんの独創ではなくて、各地の自治体で生まれているアイデアです。

坂本　そういえば、労働組合の全労連なんかもそういうことを言ってるよ。

冨田　蓮舫さんの政策を簡単に言えば、東京都が何らかの発注をするとき、入札条件として、たとえば非正規社員の比率を何割より低くしなければならないとか、賃金を国の定める最低賃金より何割増しにしなければならないとか、具体的な条件を定めるのです。入札資格を得るのに、その条件をクリアしなければならないとなれば、多くの企業が条件を順守するようになるでしょ。それで労働条件の底上げを図っていくわけです。業務委託だけじゃなくて、売買契約も含めてのことです。

松尾　いいですね。建設や土木から、さらには介護や福祉、教育などの分野にも広がりますよね。東京都の財政ってすごい規模ですから、大変な規模の底上げが実現することになります。

冨田　保育士だって、今はどこかの委託業者が間に入って、中抜きされて、酷い条件で働いていたりするわけじゃないですか。建設現場も同じ。一次、二次、三次、最終的には何次の下請けなっているかわからない状況です。

坂本　東京オリンピックのときの電通もその1社やわな。中抜きがエグすぎた。

冨田　そう、ほかにも学校給食の請負だとか、もうあらゆる領域に公契約条例の適用範囲は広がります。そして、ひどい労働条件で人を酷使したり、非正規社員を大量に使って儲けている企業をあらゆる領域から締め出すことができるわけです。

松尾　東京都ほどではないにしても、大阪府の財政だってばかにならないので、やはり効果は大きいですね。でも、非正規の公務員を正規に戻すだけにとどまらない、もっと広範な影響をもたらす可能性があるような気がするのですが……。

冨田　そう、そこなのです、公契約条例の素晴らしいところは。労働条件の底上げをきっかけに、社会全体が潤う仕組みができあがるんですよ。

坂本　社会全体が潤う仕組みはええなぁ。

松尾　先生、その仕組みとやらを具体的に教えてください。

誰もがWin・Winになる施策

冨田　はい。仮に公契約条例が大阪府にできれば、府と契約したい企業は非正規を減らしたり、賃金を上げるようになるので、そこに多くの人が集まってくるわけです。

坂本　労働条件がええわけやからね。

松尾　有能な若者も集まってきますよ。

冨田　何よりも働く人の士気が高まります。その結果、保育の現場でも建設現場でも仕事の質が上がるので、東京都であれ、大阪府であれ、その企業に安心して仕事を任せることができます。こうして企業と都や府との間にＷｉｎ・Ｗｉｎの関係ができて、そこで働く人たちもＷｉｎ・Ｗｉｎの関係になります。

坂本　良い仕事でつながるＷｉｎ・Ｗｉｎの輪というやつやね。

冨田　これは働く人たち、特に若い人たちの支援という側面を持っているけれども、実はＷｉｎ・Ｗｉｎの輪はもっと広がっていきます。介護や福祉の現場の士気が上がって良いサービスを提供できるようになると、当然、お年寄りや子育て中の保護者などサービスを受ける人たちもＷｉｎ・Ｗｉｎになります。

さらに、松尾さんのいう広範な影響として、働く人の賃金が上がれば購買力も高まるので、経済の活性化につながっていきます。

坂本　ということは、税収増も期待できる。僕はいつも所得を倍増すれば、税金も増えると言ってきたので、それが実現するわけや。

冨田　非正規の多くは税金を払えるような所得水準にありません。住民税の非課税対象者が多いのが実情です。しかし、適切な給与でちゃんと処遇すれば、その人たちはみんな課税対象者になっていきます。

松尾　納税できる人たちが増えれば、結局、都や府の財政も潤います。Ｗｉｎ・Ｗｉｎの輪に国や都も府も巻き込まれるわけですな。

冨田　そうなると、行政サービスはさらに良くなります。ぐるっと回って、どこをとっても得する人ばかり。とても良い循環が生まれます。公契約条例とはそういう政策です。本当によく考えられていると思います。Ｗｉｎ・Ｗｉｎの関係が広がって、みんなが一緒に豊かになるのですから。

だから、公契約条例は、維新のこれまでの「分断の政治」に対して、豊かさでみんなを包み込むという意味で「包摂の政治」と言えばいいでしょうか。

松尾　蓮舫さんは東京都知事選で、そういう政策を掲げていたんですか。ちっとも知りませんでした。

冨田　課題はまさにそこなのです。残念ながら蓮舫さんを支持していた人たちも含めてどれほどの人がこの政策を理解していたか、ということです。けっこうまわりくどい政策だからです。私は東京都知事選の投票日前日に有楽町の演説を聞きに行ったのですが……。

坂本　あの野田と志位が並んで立った演説会！

冨田　そのときこの政策を聞いて改めてすごいなと思ったのですが、残念ながら蓮舫さんの説明は難しくてわかりにくかったですね。有楽町の演説会は、蓮舫さんも野田さんも、この公契約条例について非常に力を入れていて、演説の大半をこれに使っていたんだけど、いかんせん、話せば話すほど、有権者の心に届かないというか。

坂本　短い動画でインパクトを与える、ティックトック型政治の石丸とは真逆やね。

冨田　そうなんです。私も最近、講演のたびに公契約条例の話をするのですが、説明するのに5分も10分もかかってしまいます。ですから蓮舫さんの支持者でさえも、この素晴らしい政策をどこまで理解できていたのか疑問です。

たぶん、ひとりスタンディングをやって応援していた人たちも知らなかった人が多かったんじゃないでしょうか。ましてや一般有権者には伝わらなかったし、結局、浸透することはなかった。それがとても残念ですね。

奨学金の肩代わりから始まる好循環

冨田　もうひとつ、蓮舫さんが掲げた良い政策が奨学金の肩代わりです。福祉、教育、介護、保育に携わる職員の奨学金を都が肩代わりして返済するというもの。これなんかも若い人たちに対する優遇政策のように思えるけど、まさに「包摂の政策」です。

坂本　玉木の若者を潰すなという政策とは違うんや。

冨田　奨学金を肩代わりしてもらえるとなると、優秀な若者たちが東京都に応募してきますよ。その人たちが奨学金返済を心配することなく、仕事に勤しむことができれば、やっぱり士気が高まるわけですね。

松尾　そして、ここでも士気が上がれば、福祉、教育、介護、保育のサービスが向上します。

坂本　さっきの公契約条例に比べたら限定的に見えるかもしれんけど、これだけでも実現できればずいぶんと良くなるわなぁ。

松尾　若い人たちの奨学金の返済は本当に大変ですからね。ふと思ったのですが、少子化対策にだってつながりますよね。

冨田　こうした「包摂の政策」は他にもいろいろあるはずです。「包摂の政策」についてみんながもっと習熟していくっていうか、アイデアをいっぱい持ち寄って実現していく。そうしていくことがこれからは非常に大事だと思っています。

松尾　Ｗｉｎ・Ｗｉｎの関係が生まれて、みんなが一緒に豊かになるという仕組みの説明も難しいけど、「包摂の政治」、「包摂の政策」という言葉もなんかピンときづらいですね。

冨田　言葉が難しいし、循環といえば聞こえはいいけれど、まどろっこしいといえば確かにまどろっこしい。

坂本　「Ｗｉｎ・Ｗｉｎの政策」というのはどうやろ。いや、いまいちかな。

松尾　「分断の政治」だったら「公務員は白アリや」といったワンフレーズで人の心に響くので、それと対照的ですな。ワンフレーズで済ませるような風潮はよくないですが、そうであっても伝わりやすいキャッチフレーズは必要です。

分断政治がまん延しつつある恐怖

冨田　２０２４年秋の総選挙で日本維新の会が打ち出したのが「若者が損しているのは高齢者のせい」というアピール。具体的には、高齢者の窓口負担を２割から３割に上げるという政策です。

坂本　音喜多駿が偉そうに、ものすごい勢いでがなりたてていたヤツやね。

冨田　高齢者の窓口負担を３割にすることによって、若い人たちの負担を軽減できるって言っているわけですよ。これが典型的な分断。これをやると若い人たちは「ざまあみろ」っていう話になるんです。俺たちが払ってきた税金や保険料が年寄りどもに使われている。俺たちが負担をして、年寄りだけが甘い汁を吸っていると。この状況を日本維新の会が打開してくれているんだ。だから俺たちの味方なんだっていう話になる。

松尾　幻想ですけどね。

冨田　一方の高齢者にしてみれば、何十年も働いて、払い続きてきた健康保険、年金の負担がますます増えているというのに、さらに医者にかかったら3割も要求されてしまう。日本社会はなんて年寄りをないがしろにする社会になったのだと怒ることになる。

若い人や年寄りが互いに敵意を向け合う状況を作り出すのが分断。維新の会はこんなことをずっとやってきたわけです。

坂本　お友だち企業を中心に2割しか票を得られなくなったから、あと1割増やすためになりふり構わずの様相になってきた。それが今回は若者層を取り込もうと、得意の分断政策をぶちあげたわけやね。

冨田　これまでもそうですけど、分断によって、自分たちの支持を集めたり固めたりするというのは維新の会の一番醜い部分です。

坂本　その分断がもっとも顕著に、嫌なカタチで現れたのが東京都知事選の石丸伸二と違うかな。

冨田　おっしゃるとおり、石丸の手法も分断です。彼自身の存在そのものが世代間分断のシンボルのようになっています。なぜ彼が押し上げられたかというと、あの有名な「恥を知れ、恥を」という言葉なわけじゃないですか。

坂本　言葉というより罵倒やけどね。

冨田　広島県の安芸高田市の、罵倒されたあの議員は議場でいびきをかいていたけれど、実は脳梗塞を起こしていたのです。でも、そういう人を指さして、議場で寝るとはどういうことだ、「恥を知れ、恥を」と叫んだ。それが全国に広まると、老害政治屋を怒鳴りつけるかっこいい若手政治家の登場というように映った。

　東京都知事選でも年寄りを叩くことのできる次世代の代表として、若い人たちの期待を集めようというのが彼の戦略だった。現に彼の支持層を見ると、異様に男性が多く、異様に若い人が多い。分断を見事にやってのけて、それをネット上で展開して、あれだけの票を集めたわけです。

松尾　石丸現象と同時にパラレルに動いていたのが、蓮舫さんに対するミソジニーですよ。

冨田　「物言う女」、それから何て言うかな、「できる女」。これに対する猛烈な攻撃ですね。蓮舫っていうのはある意味、生意気な物言う女の典型に見えるわけですよ。もう絵に書いたような。そういう蓮舫という人のキャラをね、最大限逆手にとって、徹底して女性蔑視をやるわけです。

坂本　誰が喜ぶかといえば、できる女、物言う女が目の上のたんこぶに映る若い男性、中堅サラリーマン層。

冨田　年寄りに対する敵意、できる女に対する敵意、彼はまさにその両方を煽りたてて若い男性の支持を得た。小池さんには勝てなかったけれども、蓮舫さんには勝ったわけです。やはりね、悲しいですが、分断は強いんですよ。蓮舫さんがいかにすごい政策を掲げても、年寄りとできる女への敵意を煽る石丸が勝っちゃうわけですから。

松尾　この危険な傾向はこれからもどんどん出てくる気がしますね。

裏でうごめく不気味な連携

冨田　考えてみれば大阪維新の会っていうのは、昔からその典型でした。大阪で誕生してから15年ほどになります。その間、どんどん分断が進んだ。長谷川豊は腎臓透析患者に対して「殺せ」とまで言ったわけでしょ。

坂本　8割の女性はハエと変わらんとも言うたな、あいつは。

冨田　橋下だって戦時下では慰安婦が必要だとか、沖縄の米軍に風俗を活用しろとか、超高層レジデンスをいっぱい造るから財界の人には愛人を囲ってもらいたいとか、とにかく物議をかもすようなことを言って煽るんですね。

坂本　金持ちが住んでくれれば高級な飲み屋ができる。超高層レジデンスに愛人を囲ってくれたら、愛人専用の宝石店とか高級ブティックもくるって、アホちゃうかと思うよな。

松尾　最低ですね。

冨田　よくそんなことが言えると思うけど、維新の会の政治家や候補者は実際に公然と言ってきた。石丸がやっていることを10年以上前からやってきたのが維新の会というわけです。

松尾　関西圏では万博問題もあって、大阪維新の会は翳りを見せていますが、残念ながら十何年か遅れて東京で同じことが起きようとしているってことですよね。

冨田　それからもうひとつ、すごく気になるのは、２０２４年9月の自民党の総裁選で高市早苗の背後にいた顔ぶれが、石丸の背後にいた顔ぶれとぴったり一致すること。ドトールの鳥羽さんを後ろ盾にしながら、藤川さんが特にネット戦略で高市を押し上げた。背後にいるメンバーは石丸の活躍によって手法に自信を持っている。同じような顔ぶれが維新、石丸、高市の三者に絡んでいるっていうのが実に気味悪い。

坂本　その輪の中に玉木も斎藤も入ってきた。

松尾　気持ち悪いを通り越して怖いですよ。

冨田　いずれこういう勢力がいろんな分断を煽ってくる気がします。たとえば、外国人に対する憎悪。

坂本　高市はその典型や。

冨田　おっしゃるとおりです。年寄りに対する若者の憎悪を煽り、できる女、もの言う女に対しても憎悪を煽る。あるいは、選択的夫婦別姓とかをひとつの争点にしながら分断を煽る。今は別々に進んでいる分断がいつか、気がついたらひとつにまとまって我々に牙をむいてくるんじゃないかと非常に危惧しています。

分断政治に対抗するための対話作戦

冨田　もう一度、大阪に話を戻すと、この十数年間、大阪は本当に分断されて、めちゃくちゃにされてきました。維新政治の本質は何だったかというと、貧困と格差の拡大を背景に住民の間に芽生えていた分断を顕在化させたこと。中堅サラリーマン層や自営上層の「勝ち組」的気分に向けてポピュリスト的な煽りを続けたこと。そして、くり返される選挙や住民投票を通じて分断を組織化、固定化し、維新の会をモンスター的集票マシーンへと変貌させたことです。

これに対峙して健全な大阪を再生するには、やっぱり蓮舫さんなんかが掲げた「包摂の政治」が非常に有効になると思います。しかし、繰り返しになりますが、これを説明するのは難しい。よほど政策に精通していなければなかなか理解できないし、雰囲気で「蓮舫さんいいよね」みたいな話では進まないわけですよ。

松尾　そういう意味では、多くの有権者に知らせようと思うと分断はすごくわかりやすいですね。公務員が悪い、税金を無駄づかいしている。年寄りが、俺たちの払っている税金や保険料を食いつぶしてやがるんだって。そういう敵意を煽れば済むことですからね。

坂本　特に日本人の大半が貧乏というか、被害者意識を持ち出した現状ではよく効くよね。

松尾　実はその分断がさらなる不幸の源になるということも気づかずに乗ってしまう

のですよ。

冨田　だけど一方の「包摂の政策」は非常にまわりくどくて、一言でなかなか言い表せないところがある。ある程度、膝を交えて話し合わなければその優位性っていうのが伝わらない。

坂本　せやから当然「包摂の政策」を多くの有権者に知らせて支持を得るということは、分断の政治をやる連中に比べてずっと難しいし、ずっと手間がかかる。

冨田　「包摂の政策」の内容を習熟しなければいけません。東京都知事選でひとりスタンディングが現れたことは新しいムーブメントとして喜ばしいことですけど、ひとりスタンディングだけでは公契約条例の良さは伝わらない。対話しなきゃ伝わらないのです。

　そこで思い出すのが、大阪都構想の住民投票のときに、反対する人たちがとった対話作戦です。

松尾　具体的に、どんな作戦ですか？

坂本　シール投票やないかな。

冨田　そうです。それもひとつです。街頭で都構想に賛成か反対かのシールをボードに貼ってもらうのですが、そのときに対話をするわけです。賛成の人に出くわせば、対話して少しでもその意見を変えてもらう作戦です。

もちろん、そう簡単に意見は変わりません。でも「ちょっと考えとくわ」って言ってもらうところまでいけば上出来です。賛成か反対かわからないという人には、何で私たちが都構想に反対しているのかを説明する。都構想の問題は説明しなければ伝わりませんから。シールを貼ってもらうのが目的ではなくて、対話のきっかけを掴むのです。

松尾　いいアイデアです。

冨田　大阪都構想の中で始まった運動には、ほかに路地裏対話があります。メガホンで声を出しながら、5~6人ぐらいで路地裏を練り歩く。そうすると関心を持った人が「何やってんねん」と顔を出す。そこから対話が始まるのです。

松尾　そうか、街宣車の上でいくら演説したって、なかなか対話は起きないですからね。

冨田　大阪はひとりスタンディングを一歩進めて、シール投票と路地裏対話で、大阪都構想を勝ち抜いてきた実績があります。あのときは最初、賛成派に大きく水をあけられていましたが、対話によって土壇場でひっくり返しました。こういうやり方をもっともっと展開していかなければならないと思います。

坂本　せっかくいい政策があんのに、その政策を浸透させることができなかったら意味ないからね。

冨田　分断の政治はワンフレーズで済む。インパクトでは圧倒的に向こうが勝ちます。一方で、何度も言うとおり「包摂の政治」はどうもピンとこない。だから、対話戦略みたいなのを鍛え上げていかないとなかなか浸透していかないと思います。

大阪再生のための「ギビングスパイラル」

松尾　さっき先生がおっしゃった公契約条例や奨学金の肩代わりは、巡り巡ってすべての人を豊かにするという点でまさに「包摂の政治」です。それを説明するのには対話が必要だということですね。

冨田　はい、もちろん対話が基本ですが、何かわかりやすい端的な言葉も必要だと思います。

たとえば、市民の力で杉並区長に当選した岸本聡子さんは、特定の企業や階層の人たちだけの行政から、社会的に弱い立場の人も含めたすべての人のための行政に転換していく考え方として「コモン」や「ケア」という言葉を掲げています。岸本区長のオリジナルではなく、最近ではリベラルな人たちがよく使うようになりました。ここまで語ってきた「包摂」と重なる考え方です。

松尾　読者のために、少し説明していただけますか。

冨田　ご存じの方も多いと思いますが、「コモン」とは斎藤幸平さんの言葉を借りれば「市場に任せてはいけない、社会で共有すべき富」のこと。水や医療、教育など、あらゆる人が生きていくために必要なもの、いわば社会インフラのようなものです。それらの価値は長いスパンで評価しなければならず、目先のビジネスにしたり、ましてや一握りの人たちの私有物にしてはなりません。水道の民営に反対するのも「コモン」に沿ったものです。「あらゆる人が共有すべき富」という点で「包摂」に通じる考え方です。

一方の「ケア」も同じような考え方で、すべての人が互いに支え合い、まわりの人の生活や福祉に積極的に関わりあおうとするものです。そのような社会を目指す取り組みを「ケア民主主義」と呼ぶこともあります。

松尾　ケアって幅の広い概念ですよね。医療も介護も福祉も教育もすべて含まれます。

冨田　杉並区では、生活保護の受給を促進するために、受給申請をためらわないよう呼びかけるポスターを区内で掲示していますが、これなどはわかりやすいケアの政策ですね。

坂本　大阪市では、派遣職員が受給申請を取り下げさせて就職口を紹介したら派遣会社の報酬が加算されるので、盛んにそういうことが行われているようや。ケースワーカーの資格のない派遣職員が生活保護の対応をしていることも大問題やし、ますます生活保護のハードルが上がっている。情けないことに杉並区と真逆やな。

冨田　低所得者だけでなくて、どんな人も社会に支えられています。大金持ちだって、政治家の三世、四世だって一緒。生まれてから死ぬまで、保育、教育、医療、介護など何らかのケアを受け続けます。すべての人が恩恵を受けるケアを充実させることは、みんな揃って豊かに暮らすためにとっても重要な柱なのです。

坂本　しかも、ケアに携わる人たちは今、非正規の人たちが多いよね。重要な仕事にもかかわらず、そのケアを労働条件の悪い非正規の人たちが担っている現状に目を向けんとあかんと思う。

松尾　同時に女性ですよ。ケアに従事してくれている大半は女性です。

冨田　要するに家父長制の残滓《ざんし》として、ケアは家庭でも社会でも女性が担うもの、しかも条件の悪い低賃金の、非正規の女性労働者が担うものという、ものすごく歪んだ仕組みになっています。

松尾　だから、ケアワーカーの待遇を改善することは、日本社会の家父長制的な歪みを正す非常に重要なポイントになるわけですね。

冨田　そのとおりですが、それだけにとどまりません。さっきから言ってきた、社会全体の好循環を生み出す壮大な仕組みの出発点にもなるんです。

つまり、ケアワーカーの所得が上がって士気が高まれば、ケアを受ける人のサービス向上にもつながるし、所得向上は購買力を生んで経済は活性化するし、ひいては巡り巡って税収増へと戻ってきます。

坂本　なるほど、「包摂の政策」でもあるわけや。

冨田　しかし、ここまで「包摂」や「コモン」、「ケア」という言葉を使って説明してきましたが、やっぱりどの言葉も馴染みにくいという課題に戻ってきます。特に「ケア」は、高齢者や障がい者など社会的弱者に寄り添うといった意味合いで受け取られることが多いのですが、決して弱者支援にとどまらないもっと大きな取り組みなんです。何か良い代わりの言葉はありませんか？

松尾　冨田先生の説明を聞いて思うのは、非正規社員を正社員にすることも賃金を上げることも、あるいは奨学金の肩代わりも、まず「富」を与えることから始まっていますよね。そして、その「富」が順にその次に「富」与えるという好循環が生まれている。「富を稼ぐこと」から始まるのではなくて「富を与えること」から始まる循環なので、「ギビングスパイラル」というのはどうでしょう？

坂本　「デフレスパイラル」ならぬ「ギビングスパイラル」。公契約条例で生み出す「ギビングスパイラル」。分断の政治で疲弊した大阪の活力を「ギビングスパイラル」で取り戻す。

冨田　うん、いい感じですね。行き過ぎた市場経済のアンチテーゼとして「贈与経済」という概念がありますが、それにも通じます。次の講演で使って評判を聞いてみましょう。

でも、あくまでも、これはつかみの言葉なので、「ギビングスパイラル」を理解して支持してもらうには、まわりの人と対話を重ねていくことが重要です。そういえば、さっき話の岸本区長の選挙運動も市民と車座になって話し合う機会を作るなど、とても対話を重視していました。

維新や石丸に対抗するには時間はかかるかもしれませんが、対話がとても大事。対話を広げていくしかないと思っています。

坂本　冨田先生、ありがとうございました。これからもまだまだ大阪維新の会の悪口を言い続けることができそうで、残念なような、うれしいような。

松尾　先生のおかげで維新後の未来が見えてきました。今日はありがとうございました。

●著者プロフィール●

坂本 篤紀（さかもと・あつのり）

1965年生。1987年に日本城タクシーに就職。2013年に同社代表取締役に就任。コロナ禍で業績不振になったときには、自社所有の観光バスを3台売却して社員の雇用を守ったことで話題となった。これまでに『探偵！ナイトスクープ』（朝日放送）、『報道1930』（TBS）、『ビートたけしのTVタックル』（テレビ朝日）などに多数TV出演。『報道1930』では生放送で橋下徹氏と議論が盛り上がり、注目を集めた。著書に『維新断罪』（せせらぎ出版）。

松尾 貴史（まつお・たかし）

1960年生まれ。大阪芸術大学芸術学部デザイン学科卒業。俳優、タレント、ナレーター、コラムニスト、「折り顔」作家など、幅広い分野で活躍。東京・下北沢にあるカレー店「般°若（パンニャ）」店主。「週刊朝日似顔絵塾」塾長。著書に『作品集「折り顔」』（古舘プロジェクト）、『ニッポンの違和感』『違和感のススメ』（以上、毎日新聞出版）、『東京くねくね』（東京新聞出版局）ほか。

冨田 宏治（とみだ・こうじ）

1959年生まれ。関西学院大学法学部教授。日本政治思想史。2006年より原水爆禁止世界大会起草委員長。著書に『今よみがえる丸山眞男「開かれた社会」への政治思想入門』（あけび書房）『核兵器禁止条約の意義と課題』（かもがわ出版）、『丸山眞男「近代主義」の射程』、『丸山眞男「古層論」の射程』（以上、関西学院大学出版会）など多数。

落ちゆく維新と、その後の希望

2025年 3 月 1 日　　第 1 刷発行

著　者　坂本篤紀、松尾貴史
発行者　岩本恵三
発行所　株式会社せせらぎ出版
　　　　コミュニティ・パブリッシング事業部
　　　　〒530-0043　大阪市北区天満 1-6-8　六甲天満ビル 10 階
　　　　TEL 06-6357-6916　FAX 06-6357-9279
印刷・製本所　モリモト印刷株式会社

ISBN978-4-88416-317-4　C0031